ANTROPOLOGIA
E ARTE

Ronaldo Mathias

ANTROPOLOGIA E ARTE

1ª edição - São Paulo - 2014

© *Copyright*, 2014, José Ronaldo Alonso Mathias

Todos os direitos reservados.
Editora Claridade Ltda.
Av. Dom Pedro I, 840
01552-000 – São Paulo – SP
Fone/fax: (11) 2168-9961
E-mail: claridade@claridade.com.br
Site: www.claridade.com.br

Coordenação Editorial: Marco Haurélio
Revisão: Lucas de Sena Lima
Capa: Viviane Santos sobre a obra "Uma senhora brasileira em seu lar" de Jean-Baptiste Debret
Editoração eletrônica: Eduardo Seiji Seki
Pesquisa iconográfica: Jeosafá

Dados Internacionais de Catalogação na Publicação (CIP)
Angélica Ilacqua CRB-8/7057

Mathias, Ronaldo
 Antropologia e arte / José Ronaldo Alonso Mathias. – São Paulo : Editora Claridade, 2014. (Saber de tudo)
 120 p.

Bibliografia
ISBN: 978-85-8032-044-2

1. Arte e antropologia 2. História I. Título

14-0784   CDD 701.03

Índices para catálogo sistemático:
1. Arte e antropologia

Em conformidade com a nova ortografia.
Nenhuma parte deste livro pode ser reproduzida sem a autorização expressa da Editora Claridade.

Sumário

Prefácio... 7
Introdução 11

PARTE I
1. Antropologia: a ciência do outro.................................... 17
2. Antropologia cultural.. 24
3. Conceitos essenciais da antropologia:
   aculturação, etnocentrismo e relativismo cultural 32
4. Antropologia brasileira: cultura, identidade e arte........... 40

PARTE II
5. Antropologia e história da arte: o pensamento artístico
   na cultura.. 59
6. Coleções e museus etnográficos: como representar o outro?.. 71
7. Arte e cultura ameríndia... 84
8. Antropologia e arte africana... 94
Considerações finais 107
A importância de um livro interdisciplinar............................. 111
Outras leituras, outras visões... 116
Referências de sites 119
Sobre o autor... 120

Prefácio

Ronaldo Mathias é doutor pela ECA/USP, professor de graduação e pós-graduação em disciplinas que se relacionam com os campos da antropologia e das artes do Centro Universitário Belas Artes de São Paulo. É também editor da *Revista Arte 21*, do mesmo Centro Universitário. Basta um passeio pelo *Google* e podemos ver o conhecimento, a paixão e a naturalidade que Mathias nutre pelos temas abordados neste pequeno e introdutório livro. Ele mesmo diz que preparou *Antropologia e arte* para "todos os interessados em iniciar-se aos temas e conceitos centrais da antropologia e sua aproximação com o campo da arte." Acertou, pois apesar de termos hoje varias publicações que nos remetem aos conhecimentos antropológicos e àqueles das artes, ainda são raras as publicações que unem esses dois campos de conhecimento, através de uma linguagem simples, direta, clara e objetiva, sem deixar de ser fundamentada nos pressupostos científicos.

Conhecer o que é antropologia, como se define enquanto ciência e quais as suas áreas de atuação se tornou parte importante não somente do saber acadêmico, mas também de outros mundos, como, por exemplo, o mundo das artes. Mathias tem essa percepção e por isso nos apresenta uma publicação contemporânea.

O livro se divide em duas partes, cada uma com quatro capítulos. No início de cada um deles, Mathias sintetiza os seus principais objetivos e faz uma pequena introdução. Ao final de cada capítulo, o autor nos traz uma síntese. Esse formato, que antecipa e sintetiza as discussões, é fundamental para um livro que se propõe a atingir os "iniciantes" na discussão sobre antropologia e arte.

A primeira parte do livro compõe-se de quatro capítulos: Em "Antropologia: a ciência do outro", o autor conceitua a antropologia, apresenta o contexto e a necessidade de seu surgimento e finaliza demonstrado como a antropologia nos ajuda a compreender melhor a realidade que nos cerca. Faz isso resgatando momentos da história do Brasil como, por exemplo, a famosa Carta de Pero Vaz de Caminha, e já se coloca como um antropólogo ao tecer suas críticas ao olhar desse estrangeiro sobre as terras desconhecidas. No segundo capítulo, "Antropologia cultural", Mathias explica o que é cultura para o olhar antropológico, o símbolo como elemento cultural e analisa o significado e a importância da difusão cultural. Demonstra, neste contexto, a necessidade humana à criação da cultura. "Conceitos essenciais da antropologia: aculturação, etnocentrismo e relativismo cultural" é o terceiro capítulo e, aqui, seu objetivo é fazer com que entendamos o significado dos conceitos de aculturação, etnocentrismo e relativismo cultural, tão fundamentais e caros à antropologia; o sentido da diversidade cultural e a relação entre os conceitos e suas consequências no cotidiano. Ao propor essa discussão, recupera principalmente Darcy Ribeiro, um dos nossos maiores antropólogos. No último capitulo dessa primeira parte, "Antropologia brasileira: cultura, identidade e arte", o autor nos leva à reflexão sobre os fundamentos da cultura brasileira, apresenta o pensamento dos antropólogos brasileiros sobre o tema da identidade e já entra nas questões da arte, quando analisa as pinturas que representaram o povo brasileiro nos séculos XVII e XVIII, fazendo, assim, o *link* com a segunda parte do livro. Instigante a busca do autor pelo poema "Marabá", de Gonçalves Dias, publicado em 1851, para demonstrar a nossa mestiçagem.

Antropologia e arte

A segunda parte do livro também é constituída por quatro capítulos. O autor faz um caminho interessante ao pensar a arte a partir da antropologia: No quinto capítulo do livro, "Antropologia e história da arte: o pensamento artístico na cultura", os objetivos são levar o leitor a compreender a relação entre antropologia e arte; a conhecer as formas artísticas de povos não urbanos e suas significações e, por fim, a entender a produção artística em práticas religiosas. Mathias deixa claro o quanto esses campos do conhecimento – a antropologia por um lado e a historia da arte por outro – poderiam ter se fundido ao invés de se dicotomizar, pois "o estudo da forma plástica de culturas não europeias só recentemente vem ganhando relevo". "Coleções e museus etnográficos: como representar o outro?" é o sexto capitulo. Os objetivos são fazer com que o leitor compreenda: a diferença entre arte e artefato no ocidente; os museus e suas funções e, por fim, levá-lo a questionar as representações etnográficas nos museus ocidentais. De novo Mathias se mostra um antropólogo, pois consegue destacar no texto o quão cuidadoso deve ser o nosso olhar para aquilo que nos é estrangeiro, salientando, assim, o perigo da construção de um imaginário preconceituoso e equivocado sobre a alteridade. Em "Arte e cultura ameríndia", o sétimo capitulo, são traçados os seguintes objetivos: a compreenssão do sentido da arte ameríndia; dos conceitos fundamentais para se pensar essa arte e a cultura que a engendra e, finalmente, descrever a importância do corpo e dos objetos para esta cultura. Aqui, o autor resgata traços socioculturais da vida ameríndia e demonstra o quanto esses traços são importantes para a arte dessas comunidades. Assim, levanta uma discussão fundamental: a completa simbiose entre a vida cultural e artes nas culturas ameríndias. Diz o autor: "Lembramos que não é possível compreender as artes ameríndias na perspectiva pura do encadeamento das formas, mas como uma organização do conhecimento em que as produções de imagens mais se colocam como um modo de ver do que uma proposta para ser vista." Finalizando o livro, "Antropologia e arte africana" é o oitavo capítulo. Nele o autor faz uma reflexão sobre o sentido da arte na África, os obstáculos que impedem o conhecimento da arte africana e ainda levanta os preconceitos que perpassam o olhar para essa arte. Dessa forma, demonstra conhecimento e uma enorme – e necessária para o mundo das artes e da antropologia – paixão pela arte africana.

Durante toda a leitura percebemos não somente o conhecimento que Mathias tem sobre a antropologia e a arte, mas também a paixão que conduz seu olhar a esses campos.

Josefina de Fátima Tranquilin Silva,
Doutora em antropologia

Introdução

Muitas vezes em nossas conversas cotidianas emitimos opiniões apressadas sobre o comportamento que julgamos estranho de outras pessoas, grupos e povos. A existência de diferenças culturais entre os homens impõe-nos a difícil tarefa de compreender as práticas sociais, religiosas, políticas, sexuais e artísticas tão distintas das nossas.

Como então explicar e conviver com tanta diversidade? Comportamentos diferentes dos nossos precisam ser entendidos na perspectiva própria de quem os criou para que possamos compreender os diversos sentidos das práticas culturais existentes, suas diferenças, suas especificidades. Este tem sido, há mais de um século, o empreendimento antropológico: a descoberta dos traços culturais do gênero humano e a afirmação, ao mesmo tempo, da sua unidade e pluralidade na busca de uma explicação não autoritária sobre a alteridade.

O que realmente mantém os homens unidos entre si é a sua cultura, as ideias, as normas, os valores que eles têm em comum e as práticas que juntos criam e recriam cotidianamente. A partir deste pressuposto, *Antropologia e arte* apresenta um estudo de temas e conceitos da antropologia cultural articulada com o campo da arte em dois momentos.

Na primeira parte, os quatro primeiros capítulos estruturam o saber antropológico a serviço de, por um lado, conceituar essa ciência do outro chamada antropologia e sua especificidade cultural e, por outro, destacar os conceitos fundamentais estruturantes da prática de campo antropológica e, ao final, refletir sobre a cultura brasileira e a sua identidade nacional.

Como podemos pensar a arte a partir da antropologia? Por onde devemos começar a destacar os estereótipos que foram construídos sobre as produções artísticas e estéticas dos povos ameríndios e africanos? Essas são questões tratadas nos quatro capítulos da segunda parte de *Antropologia e arte*, que vai na busca da significação dos objetos criados pela sociedade que dele faz uso, ou seja, o objeto em situação de pertencimento coletivo. A compreensão sobre os sentidos da cultura e das práticas de coleções etnográficas ajuda a entender a dinâmica da arte ameríndia e da arte africana.

Por outro lado, o livro apresenta um conjunto de temas da antropologia e da arte intimamente ligados que tem como objetivo analisar, numa perspectiva crítica, conceitos e teorias que fundamentam um possível olhar sobre a antropologia da arte. Para isso, empregamos o método de investigação histórico entrelaçado com estudo de caso por acreditar que a escolha de determinado procedimento de análise implica sempre a compreensão que fazemos do objeto. Além disso, é importante apresentar a constituição da antropologia no tempo destacando seus conceitos e suas práticas. Acreditamos que é importante entender a antropolgia e a arte de determinados povos do planeta, bem como é necessário desconstruir algumas visões cristalizadas, quando não equivocadas, sobre certos grupos, realizadas ao longo do tempo.

A antropologia pertence a todos nós. Ao investigar a especificidade da cultura humana, esta ciência apresenta um saber que nos interessa bastante, e este conhecimento produzido, sobre o que nós humanos somos e fazemos diariamente em contextos tão plurais, contribui para ampliar o sentido de pertencimento cultural.

Por fim, vale dizer que o livro *Antropologia e arte* utiliza-se de uma linguagem menos especializada para atender aos alunos universitários do campo das artes e das ciências humanas em geral, ainda que possa ser útil a todos os interessados pelos temas e conceitos centrais da antropologia e sua aproximação com o campo da arte.

Aprender a conhecer o outro, entender suas práticas e perceber as diferenças interculturais é parte da experiência humana que ninguém pode se recusar a fazer, nem mesmo a fazer sozinho.

PARTE I

Antropologia: a ciência do outro

Introdução

É uma característica do ser humano questionar sobre a realidade, sobre si próprio, sobre a natureza, sobre a existência de Deus. Porém, uma investigação mais detalhada, com método científico, com produção de conceitos e teorias sobre o que vem a ser a cultura humana, é uma prática recente, de poucos séculos atrás. A essa ciência damos o nome de antropologia. Ela estuda o ser humano e suas práticas culturais. E foi a partir dos séculos XVIII e XIX na Europa que ela surgiu e se firmou. Segundo Marina de Andrade Marconi:

A antropologia visa ao conhecimento completo do homem, o que torna suas expectativas muito mais abrangentes. Dessa forma, uma conceituação mais ampla a define como a ciência que estuda o homem, suas produções e seu comportamento.[1]

À medida que os europeus chegavam aos lugares mais distantes da Europa, como América, África e Ásia, foram percebendo que os povos desses lugares possuíam costumes, crenças, valores,

---

[1] *Antropologia – Uma introdução*, p. 2.

instituições e produções materiais diferentes das suas. Com isso, foi surgindo o interesse em descobrir e entender quem eram esses povos e também o interesse em dominá-los, colonizá-los.

A percepção de diferenças comportamentais, biológicas, religiosas tão distintas mundo afora fez com que aos poucos surgissem estudos e pesquisas sobre a diversidade de culturas. Inicialmente, porém, as perguntas que organizaram um saber quase antropológico, pois ainda não científico, foram de ordem religiosa. Inicialmente, podemos dizer que, antes mesmo do surgimento da ciência antropológica, o ser humano já fazia perguntas como: O que é o homem? O que é a realidade? A religião, as artes, a filosofia, a mitologia, por exemplo, propuseram questões sobre o ser humano. Porém, faltava a esses tipos de conhecimentos um método de investigação nos moldes da ciência moderna e que vai surgir apenas no século XVIII.

Contudo, assustados com as descobertas que faziam com as viagens realizadas a partir do século XV, esses viajantes europeus questionam, inicialmente, a humanidade dos povos com alteridade[2] tão diversa da sua. O encontro com os ameríndios, por exemplo, nas Américas no século XVI e a observação das enormes diferenças culturais existentes invade o imaginário dos conquistadores gerando relatos fantasiosos por um lado, mas também relatos propensos a iniciar um processo de conversão cultural aos modos dos navegantes. Esses primeiros relatos são de valiosa importância para a antropologia e para a história, pois apresentam as análises, as descrições e as classificações, pré-científicas, de agrupamentos

---

[2] Por alteridade (do latim, "outro") entende-se como a natureza ou condição do que é diferente, que não é idêntico. Para as ciências sociais, a alteridade é a condição mínima para a existência da cultura, sendo a vida humana totalmente condicionada por relações de reciprocidade. O ser humano existe enquanto parte de um grupo que com ele interage e produz linguagem em contato permanente com o outro.

Antropologia e arte

humanos não europeus no que se refere à sua organização social, suas crenças religiosas, sua alimentação, sua língua e costumes em geral.

O contato intercultural e seu registro

Pode-se dizer que um dos registros escritos mais importantes para o conhecimento pré-antropológico ocorreu no século XVI com a chegada dos europeus nas Américas, como dito antes. O europeu Pero Vaz de Caminha, no ano de 1500, redige uma carta ao rei D. Manoel I, descrevendo – a partir do encontro que ele e sua tripulação tiveram com os chamados índios no dito "Novo Mundo" – as características físicas, os costumes e os demais modos de vida estranhos e curiosos "dessa gente". A Carta apresenta um relato minucioso, descrevendo e avaliando os costumes, a nudez dos ameríndios, a perfuração corporal como parte de uma vida inocente e também estranha.

> *A feição deles é serem pardos, um tanto avermelhados, de bons rostos e bons narizes, bem feitos. Andam nus, sem cobertura alguma. Nem fazem mais caso de encobrir ou deixa de encobrir suas vergonhas do que de mostrar a cara. Acerca disso são de grande inocência. Ambos traziam o beiço de baixo furado e metido nele um osso verdadeiro, de comprimento de uma mão travessa, e da grossura de um fuso de algodão, agudo na ponta como um furador. Metemnos pela parte de dentro do beiço; e a parte que lhes fica entre o beiço e os dentes é feita a modo de roque de xadrez. E trazem-no ali encaixado de sorte que não os magoa, nem lhes põe estorvo no falar, nem no comer e beber.*

A Carta e outros documentos datados desta época têm o mérito de relatar, quase fotograficamente, de forma praticamente inédita, a vida diária dos índios sul-americanos. Contudo, esses documentos devem ser compreendidos com certo distanciamento devido ao fato de serem regidos por um olhar bastante etnocêntrico[3] e ainda tomado por um valor religioso. Devemos lembrar que o governo de Portugal a essa época era aliado da Igreja Católica e ambos tinham vários interesses na nova colônia. Salvar e controlar uma 'alma selvagem' era bastante vantajoso, para a catequese e para a colonização.

Caminha, Cristóvão Colombo e tantos outros enxergam o Novo Mundo com o olhar do conquistador. Não se perguntam nada além do horizonte que possa ferir os projetos da colonização. Não são homens de ciência. O contato entre culturas tão díspares apenas aprofunda a vontade de dominação, razão de ser desse primeiro enfrentamento étnico.

"O selvagem e a alma"

Nesta época, ainda entre os séculos XVI e XVII, o questionamento sobre a diferença entre os povos se pauta por um critério religioso, qual seja, se o "selvagem" possuía alma. A afirmação da condição de uma vida selvagem será prontamente feita quando comparada com a vida chamada civilizada do europeu. A religião, formas políticas específicas e a escrita serão usadas como critérios iniciais desta avaliação e imediatamente como um juízo de valor para se afirmar o estado de ser selvagem desses povos. Não possuir

---

[3] O conceito de etnocentrismo será trabalhado no capítulo 3. Porém, usamos no sentido de se configurar como uma prática de avaliar e julgar outros povos conforme um pensamento estranho a esses grupos. O etnocentrismo, como uma prática humana comum a todos os povos, europeu teve consequências desastrosas para os ameríndios quando se aliou ao colonialismo, no século XVI, e posteriormente ao imperialismo, no século XIX.

Antropologia e arte

"alma" colocará este dito selvagem numa condição de inferioridade, podendo recair sobre ele um duplo destino: ou eram escravizados ou deveriam se converter à religião dos povos dominantes. François Laplantine afirma que:

> A grande questão que é então colocada, e que nasce desse primeiro confronto visual com a alteridade, é a seguinte: aqueles que acabaram de serem descobertos pertencem à humanidade? O critério essencial para saber se convém atribuir-lhes um estatuto humano é, nessa época, religioso: o selvagem tem alma?[4]

O que é curioso sobre a "descoberta da alma" é que isso era "passível de investigação" a partir de pistas facilmente localizáveis no corpo, nos hábitos e nas crenças desses grupos. Assim, a aparência física, desde os corpos perfurados às pinturas corporais, além da prática do canibalismo e das línguas ininteligíveis, contribuíram para atribuir-lhes o estigma de inferiores. No entanto, por trás destas visões ideologizadas pairava a vontade de dominação com fins econômicos, em busca de matérias-primas para abastecer as emergentes sociedades europeias. Vamos observar neste período o início do processo de colonização da América que tem como elemento fundante a tentativa bem sucedida de classificar, domesticar, converter e explorar esses outros não europeus.

É importante destacar que a contribuição deste saber relatado sobre o ser humano de mais ou menos cinco séculos atrás, inicialmente pré-antropológico, originário dos relatos de viagens, foi a afirmação da imensa pluralidade de formas culturais existentes ao redor do planeta, que hoje vemos claramente. Vale lembrar que, como foi dito, não estamos na esfera própria da antropologia pois "A antropologia nos diz quais são limites conhecidos da experiência humana até o momento e qual o denominador comum do ser

---

[4] *Aprender antropologia*, p. 37.

humano – o que é compartilhado por toda a humanidade".[5] Ou seja, diferentemente daquelas afirmações que mais procuraram oferecer um juízo moral, religioso e ideológico sobre o outro, a antropologia apresenta um recorte específico sobre determinado povoamento destacando suas particularidades próprias não avaliando isto ou aquilo como bom ou ruim, melhor ou pior.

Atualmente estes registros são preciosas fontes de pesquisa histórica sobre os habitantes das Américas. Mas sem dúvida o que fica claro neste episódio de conquista da América é a trágica consequência dos primeiros juízos feitos sobre a diversidade cultural humana. Ainda hoje, há pessoas que insistem em classificar tudo que é diferente culturalmente como ruim, feio, mentiroso ou pecaminoso. O perigo dessa postura encontra-se no fato de se querer mudar, converter, dominar um certo povo, por exemplo, pelo fato de se achar que todos devem ter um mesmo hábito alimentar, uma mesma crença ou forma de governo.

A contribuição que a antropologia oferece para a humanidade hoje é exatamente a de mostrar a infinidade de modos de vida distintos uns dos outros com significados particulares, muitas vezes desconhecidos ou mesmo estranhos, porém sem pretender dizer uma palavra final, apressada e autoritária, a respeito da diversidade cultural humana.

Síntese do capítulo

Neste capítulo, conceituamos antropologia como a ciência do homem. Mostramos que os primeiros relatos, no século XVI, ofereceram informações sobre os selvagens, como foram chamados, e também classificações a respeito do seu modo de vida, hábitos, crenças, costumes, instituições, mas isso ainda não era antropologia.

---

[5] *Antropologia cultural e social*, p. 3.

Antropologia e arte

Essa "descoberta" deste outro selvagem fez com que surgissem especulações inicialmente religiosas sobre a dimensão humana dos povos das Américas. Também vimos que os primeiros registros detalhados, como a carta de Pero Vaz de Caminha, são materiais valiosos para o estudo da mentalidade do europeu daquela época, fontes minuciosas sobre a vida, os costumes, as crenças, a organização social dos povos ameríndios. Finalmente, mostramos que os estigmas criados, como as línguas incompreendidas desses povos, a perfuração corporal, os comportamentos alimentares, foram fatores decisivos para o início de um processo de controle e dominação cultural. A antropologia como ciência que investiga as práticas constituintes da condição humana busca conhecer o que é próprio de cada cultura sem perder de vista o que é comum, que nos unifica, enquanto membro de uma comunidade humana.

Antropologia cultural

Introdução

Você já deve ter observado que existem diversos grupos humanos diferentes que habitam o planeta, às vezes no mesmo país ou na mesma cidade. Talvez no seu próprio bairro essa diferença exista, seja no modo de agir, de se comportar, de se alimentar, de aprender, de praticar as ações mais corriqueiras do cotidiano de um outro jeito. Com isso pode surgir a dúvida sobre qual a forma correta de se relacionar, de conviver como o outro, de pensar, por exemplo. Um simples passeio pela internet coloca-nos diante dessas inúmeras práticas culturais incomuns para nossa família, para nosso grupo de amigos, para nossa cidade ou mesmo país.

Foi exatamente a partir da percepção das diferenças culturais existentes que a antropologia cultural se constituiu como um importante campo de pesquisa ao longo do século XX. Segundo Laplantine,[6] a "antropologia cultural estuda os caracteres distintivos das condutas dos seres humanos pertencendo a uma mesma cultura (...)"[7].

---

[6] Op. cit., p. 121.
[7] A antropologia cultural, a antropologia social, a antropologia biológica, entre outras subdivisões, fazem parte da antropologia, guardando cada uma delas a especificidade própria de seu campo de estudo.

Este estudo busca compreender o que é próprio daquele povo, a partir de suas formas de expressão cultural, como arte, alimentação, sistema de parentesco, religião etc.

Estamos assim inseridos na esfera da cultura. E quando falamos em cultura tudo que é produzido pelo grupo interessa ao antropólogo, pois tudo deve ser observado detalhadamente sem que nada seja considerado menos importante. Assim, as formas de cozinhar, as piadas de um contador, as formas de se vestir, as características das moradias, os modos de dormir, as brincadeiras, as práticas de cura, a criação estética etc. importam para a realização de um trabalho etnográfico atento, para a compreensão da cultura de um dado grupo.

O conceito de cultura

Existem muitas teorias que conceituam cultura de formas distintas. Porém, para nós, definiremos cultura, segundo Hoebel, como:

O sistema integrado de padrões de comportamento aprendidos, os quais são características dos membros de uma sociedade e não o resultado de herança biológica. A cultura não é geneticamente predeterminada; é não instintiva. É o resultado da invenção social e é transmitida e apreendida somente através da comunicação e da aprendizagem.[8]

Quando falamos que a cultura não é geneticamente herdada estamos afirmando que, para a antropologia, não existe determinismo biológico algum informando, por exemplo, que um comportamento de uma pessoa deriva de uma carga genética, ou seja, que alguém nasce assim independente da família, do grupo de origem,

---

[8] Op. cit., p. 4.

das tradições apreendidas. Essa capacidade de aprendizagem organiza a percepção e ação das pessoas. Cunha (2009) nomeia esquemas interiorizados que garantem a comunicação em grupos sociais, promovendo a manutenção de uma dada ordem coletiva a que chamamos de cultura.

Logo, podemos afirmar que um brasileiro, um indivíduo do grupo fang da África, um russo, um ameríndio e tantos outros apresentam grandes semelhanças entre os membros de seu próprio grupo. Tabalhar com essa ideia impõe-nos um novo olhar sobre nossa própria visão de mundo, nossos valores, conceitos e mesmo pré-conceitos.

Cultura e sociedade

Cada sociedade possui um padrão, um sistema estipulado sobre o que é importante e o que não é, sobre quais valores ensinar e quais práticas reprimir, sobre quais costumes aceitar e quais punir. Essas escolhas atendem às demandas de cada grupo e também estão intimamente ligadas às instituições que criam e as tecnologias que usam.

Para os antropológos, a cultura é determinante do comportamento do indivíduo, conforme dissemos acima. Assim, uma criança brasileira, se for adotada por um casal inglês, se tornará tão inglesa quanto os pais e o país que a adotarão. Segundo Laraia:

> *Se retirarmos uma criança xinguana de seu meio e a educarmos como filha de uma família de alta classe média de Ipanema, o mesmo acontecerá: ela terá as mesmas oportunidades de desenvolvimento que seus novos irmãos.*[9]

---

[9] *Cultura, um conceito antropológico*, p.17.

Antropologia e arte

Você conhece a cultura do Alto Xingu?

Segundo o portal Socioambiental:

O Parque Indígena do Xingu engloba, em sua porção sul, a área cultural conhecida como alto Xingu, formada pelos povos Aweti, Kalapalo, Kamaiurá, Kuikuro, Matipu, Mehinako, Nahukuá, Naruvotu, Trumai, Wauja e Yawalapit. A despeito de sua variedade linguística, esses povos caracterizam-se por uma grande similaridade no seu modo de vida e visão de mundo. Estão ainda articulados em uma rede de trocas especializadas, casamentos e rituais inter-aldeões. Entretanto, cada um desses grupos faz questão de cultivar sua identidade étnica e, se o intercâmbio cerimonial e econômico celebra a sociedade alto-xinguana, promove também a celebração de suas diferenças.[10]

Essa região possui um repertório cosmológico muito semelhante e articulado entre si. A região do alto do rio Xingu engloba uma diversificada variedade de grupos indígenas com línguas, costumes, arte, tecnologia, por exemplo, bastante próprias. Uma vez reconhecido como membro da comunidade, torna-se índio, já que se apropria dos elementos fundantes de sua cultura ao longo da vida numa série de rituais e práticas culturais que servem para internalizar nos seus membros a identidade étnica do grupo.

Para o grupo Yawalapiti, não existe diferença entre animais e humanos. Na sua língua não há um termo específico para essas duas categorias. Segundo Viveiros de Castro, "Não existe um conceito correspondente à noção de 'animal (não humano); é impossível, portanto, fazer a Natureza corresponder a uma ideal geral de animalidade".[11] Com isso, deixam claro, informa Viveiros, que os

---

[10] Disponível em: http://pib.socioambiental.org/pt/povo/xingu.
[11] *A inconstância da alma selvagem e outros ensaios de antropologia*, p. 45.

humanos são uma subcategoria dos bichos terrestres, *apapalutápa--mína*. Este grupo constrói efetivamente uma identidade para si como forma de pertencimento coletivo unificando todo o grupo a partir de elementos culturais selecionados e simbolizados como determinantes do seu modo de ser, sentir, pensar e agir. Este processo se interliga numa cosmovisão integradora vivenciada em diversos momentos da vida e representado em rituais onde o modelo ideal mítico de cotidiano é experenciado mas não é atingido.

Como se explica a identidade de um grupo como os ameríndios brasileiros? Segundo o site www.indioeduca.org, "A realidade indígena nos dias atuais é bem diferente do passado, da mesma forma que os tataranetos dos portugueses que chegaram com suas caravelas nesse solo não se vestem hoje da mesma maneira que seus avós. Nós povos indígenas possuimos vestimentas tradicionais próprias e grafismos com os quais fazemos pinturas corporais, mas nossa nudez ou não nudez não define ser indígena ou não indígena. Toda cultura é dinâmica, está sempre em constante movimento, mudando e se adaptando dentre os séculos." Assim como a cultura é mutável no tempo e no espaço a identidade é constantemente negociada, no caso ameríndio, com as tradições de cada povo. Essa negociação leva em consideração o saber apreendido e intercambiado em múltiplas relações simbólicas criando novos modos de ser e de conviver.

Símbolo e cultura

A capacidade de criar símbolos é essencialmente próprio da cultura humana. O símbolo, como signo que é, significa aquilo que representa alguma coisa não por se assemelhar à coisa, ou por indicar algo, mas por arbitrariamente amarrar um significado à coisa representada sem que para isso possua identificação, ou semelhança.

A simbolização é um processo importante na criação das culturas humanas pois, sendo o ser humano um ser cultural, ele cria inúmeras formas culturais diferentes simbolizando através da língua, das artes, das crenças, dos costumes toda sua vida material e imaterial. Conforme afirma Laplantine:

> *O que distingue a sociedade humana da sociedade animal, e até da soceidade celular, não é de forma alguma a transmissão as informações, a divisão do trabalho, a especialização hierárquica das tarefas, e sim essa forma de troca não mais de signos e sim de símbolos, e por elaboração das atividades rituais aferentes a estes.*[12]

Para Levi-Strauss, antropólogo francês, a cultura surgiu exatamente no momento em que o ser humano convencionou, arbitrariamente, a primeira regra, ou seja, quando instituiu uma interdição, um tabu, organizando toda a vida coletiva. Além disso, essa criação simbólica nunca é isolada ou independente, ou seja, nunca se constitui fora do grupo de que o indivíduo faz parte. É a partir das trocas partilhadas dentro do grupo, num processo de comunicação organizado pelo diálogo entre seus membros, que a cultura vai se instituindo e se difundindo para além das fronteiras onde os costumes, os valores e as práticas surgiram.

Cultura e difusão

Ocorre com grande frequência na mídia, nas rodas de conversa entre amigos ou mesmo entre pessoas que desconhecem os processos da dinâmica cultural, frases e afirmações como "aquele grupo perdeu sua cultura", "essas pessoas não possuem cultura", ou ainda "o contato desse grupo com a civilização irá acabar com a cultura dessa gente".

---

[12] Op. cit., p. 121.

Na verdade, essas afirmações apresentam um conceito de cultura que não se sustenta antropologicamente – como vimos, a cultura é apreendida pelo ser humano como aquilo que determina nossa humanidade –, além de expressarem também uma visão estereotipada sobre os grupos chamados de não civilizados. Isso porque não é possível alguém ou algum grupo "perder" sua cultura, já que não tem como perder sua humanidade, muito menos encontrar alguém que "não tenha cultura". Cultura não é algo que se mede, pesa ou soma. Precisa ser estudada não verticalmente, mas horizontalmente na sua pluralidade, na imensa variedade de costumes, valores e crenças em permanente troca com o mundo.

Não podemos entender a cultura de um grupo isolada do resto do mundo, completamente "pura" de interferência externa. Para Roque de Barros Laraia:

Não resta dúvida que grande parte dos padrões culturais de um dado sistema não foram criados por um processo autóctone, foram copiados de outros sistemas culturais. A esses empréstimos a antropologia denomina difusão. Os antropólogos estão convencidos que, sem a difusão, não seria possível o grande densenvolvimento atual da humanidade.[13]

A difusão cultural é um processo em que os elementos ou complexos culturais se difundem de uma sociedade à outra. As culturas devem ser vistas na perspectiva de seu dinamismo, uma vez que não são estáticas. Assim, quando ocorre uma fusão de elementos culturais, religiosos por exemplo, próximos, mas de culturas bem diferentes estamos diante de sincretismo[14] cultural, como foi o caso

---

[13] *Cultura, um conceito antropológico*, p. 105.
[14] Sincretismo religioso é uma prática que tem como fundamento incorporar as influências de um sistema de crenças por outro. Ao longo da história, vários grupos utilizaram-se dessa prática.

Antropologia e arte

da umbanda, que uniu traços do catolicismo com os do fetichismo africano e indígena.

Também pode ocorrer assimilação cultural, quando grupos que vivem em territórios comuns fazem trocas culturais como uma fase da aculturação, exemplo muito comum entre os grupos do Alto Xingu. Seja por qual processo for, a troca de elementos interculturais se confunde com a própria história da humanidade e não deve ser vista como aberração ou espanto.

Finalmente, reafirmamos que cultura não deve ser entendida como algo que se acaba, perde, extingue mas como um processo que se transforma, altera, muda por diversos motivos, sendo o contato intercultural uma fonte permanente desta transformação.

Síntese do capítulo

Neste capítulo, conceituamos cultura como o elemento determinante e fundante da nossa humanidade. Apresentamos como característica da cultura humana o fato de ela ser simbólica, ou seja, ela cria representações arbitrárias da realidade como a arte, a religião, a língua. Também falamos que as culturas não são imutáveis e, por conta disso, em contato com outras culturas os povos inventam outras maneiras, formas e sentidos para si mesmos. Por fim, afirmamos que não existe alguém que não possua cultura, pois esta não é algo que se mede verticalmente, mas se analisa e entende horizontalmente na pluralidade das suas invenções. Afirmar que fulano ou beltrano tem mais ou menos cultura seria simplesmente desconhecimento sobre suas formas de vida. Há pessoas e grupos que podem ter mais ou menos informações que outras, porém isso não os tornam indignos na condução de suas vidas.

Conceitos essenciais da antropologia: aculturação, etnocentrismo e relativismo cultural

Introdução

A antropologia é uma ciência que estuda o ser humano, compreendendo-o a partir da sua cultura. Cada agrupamento humano, para a atropologia, possui valores, costumes e práticas culturais próprias guiadas por experiências vividas coletivamente. O modo particular que cada povo cria para si próprio é fruto de um processo de troca constante, estruturando e organizando relações que dão sentido à vida, conforme já dissemos.

A cultura vai marcando no indivíduo o modo de enfrentar a realidade e responder a ela. Ela também estabelece as relações de poder, de parentesco, os hábitos alimentares além de estruturar o sistema de crenças, as narrativas míticas entre outras criações. A existência singular de cada grupo causa, muitas vezes, estranhamento para quem desconhece o sentido do que é construído e fundamenta um hábito alimentar, uma forma de trabalhar o corpo, um modo de educar os filhos. É pela cultura que se chega ao mundo, numa partilha de valores permanente e específica e que deve ser compreendida por qualquer olhar estrangeiro para que não seja por este também inferiorizada.

A partir dessas ideias, buscaremos aprofundar teoricamente três conceitos fundamentais para a antropologia, que são a aculturação, o etnocentrismo e o relativismo cultural. Esses conceitos, entre tantos outros, oferecem novas possibilidades de se pensar a dimensão cultural da humanidade para além do nosso próprio cotidiano.

Aculturação

A aculturação nasce a partir do contato entre grupos diferentes no qual um grupo é influenciado pelo outro de forma a mudar seus padrões culturais. Assim "Dá-se a aculturacão quando uma sociedade empreende uma mudança cultural drástica sob a influência de uma cultura e de uma sociedade dominantes com as quais ela entra em contato".[15]

Em todas as épocas ocorreram contatos entre os diversos grupos que habitam o planeta. A aculturação é este processo pelo qual duas ou mais culturas entram em contato através de imigração ou conquista. Essa aproximação algumas vezes foi ou é tensa e violenta. Quando grupos com formas culturais distintas mas dentro das mesmas referências simbólicas se aculturam, chamamos de aculturação intertribal, e quando ocorre entre grupos distintos chamamos de aculturação interétnica.

A aculturação faz parte daquilo que chamamos de mudança cultural, já que todas as culturas são dinâmicas e nunca estáticas. Observamos, ao longo da história, processos distintos de aculturação, podendo ser forçada ou voluntária. A catequese católica, por exemplo, ocorrida com os ameríndios brasileiros, e a colonização que produziu a escravidão, podem ser vistas como mudanças culturais forçadas que acarretaram sequelas trágicas para os ameríndios e africanos.

Por outro lado, processos mais lentos e voluntários de ambas as partes, como o intercâmbio de hábitos alimentares e mesmo

---

[15] Hoebel, p. 49, 2006

os casamentos intertribais, produzindo casamentos mistos, foram e ainda são bastante comuns entre vários grupos indígenas, por exemplo, além de trocas culturais cada vez mais promovidas pelas práticas de turismo e intercâmbio, como ocorrem hoje em dia.

A aculturação pode ser vista sob diversas perspectivas sociais, econômicas e políticas. Contudo, cabe de início percebê-la como fonte propulsora das mudanças culturais e prova do dinamismo, transformação e adaptação ao ambiente, ou também de resistência à interferência exterior. Como diz Darcy Ribeiro:

> *No processo de mudança social interferem fatores culturais como estímulos ou resistências, tão fortemente que permitem a consecução de uma mesma fisionomia cultural básica através de diferentes etapas de desenvolvimento social.*[16]

Sendo as culturas dinâmicas e sempre em um processo de interferência mútua, pensar numa possível situação de isolamento cultural, ou melhor, de uma situação de pureza étnica, é completamente equivocado e inútil. Para Laplantine, "a noção de pureza nacional, ou mesmo de eurocentrismo, procurando a qualquer preço proteger-se das ameaças alógenas, não tem qualquer sentido antropológico".[17] Compreender a aculturação humana ao longo da história nos possibilita conviver com as diferenças culturais de modo a participar da vida social de forma ética.

Etnocentrismo

A chegada dos europeus à América provocou um grande impacto no modo de vida dos habitantes nativos do continente

---

[16] *Diários índios. Os Urubus-Kaapor*, p. 312.
[17] Op. cit., p. 22.

americano, os ameríndios que ali habitavam havia séculos, além de ter causado enorme espanto nos viajantes. Inicialmente as primeiras impressões sobre os costumes indígenas funcionaram no sentido de caracterizá-los como seres selvagens, dotados de uma animalização visível até corporalmente. Essa primeira impressão ocorreu diante da enorme diferença cultural existente entre os que moravam em florestas e aqueles que viviam nos centros urbanos do outro lado do Atlântico Norte. Este choque civilizacional forjou a consolidação do etnocentrismo europeu, sua ideologia, sua religião, seu modelo de desenvolvimento como os melhores do planeta e que deveriam ser implantados em todo o canto com ou sem a concordância dos colonizados.

A partir do século XIX, essas afirmações cederam espaço a outras novas classificações não menos equivocadas. Segundo essa nova concepção, diversos grupos ao redor do planeta viviam num certo atraso, econômico e tecnológico, por isso ainda presos a um "primitivismo" quase pré-histórico. O "atraso" desses povos foi impulsionado, nesta época, por dois momentos que se somaram num mesmo sentido.

O primeiro momento veio com a ideia do evolucionismo, herdada do pensamento biológico da época e impulsionada pela publicação do livro *A origem das espécies*, de Charles Darwin, em 1859. O pensamento iluminista no século XVIII já dera os primeiros passos neste mesmo sentido ao apontar a Razão como único fator distintivo do desenvolvimento humano, Razão esta já "experimentada" pelos povos europeus e que deveria ser levada aos quatro cantos do mundo para que todos alcançassem o mesmo grau de desenvolvimento. Contudo, somente no século XIX encontraremos as consequências práticas desta visão "evoluída de mundo que podemos chamar de etnocêntrica."

O segundo momento é um acontecimento importante para o século XX que ocorrera ainda na penúltima década do século XIX, no ano de 1884, na Alemanha, chamado de Conferência de Berlim,[18] que nada mais representou que a partilha da África, realizada de modo arbitrário e violento pelas potências europeias. Este episódio, amplamente notificado, selou tragicamente o destino do continente negro ao dividir seu território segundo interesses europeus, numa afirmação ideológica de que deveriam "levar desenvolvimento aos primitivos e não evoluídos africanos". A partilha, estrategicamente, não obedeceu às divisões anteriores existentes entre as tribos africanas, nem mesmo propôs diálogo algum com os povos dominados.

O evolucionismo, como ideologia, e a partilha da África, como consequência, funcionaram como uma eficaz justifiticativa para as ações imperialistas da Europa e financiaram, pela perspectiva etnocêntrica, a disseminação de ideias racistas em todo o mundo a partir do século XIX.

Sob esta lógica, o etnocentrismo imperialista europeu regulou e implantou um modelo de classificação do outro, desta "alteridade redescoberta", conforme os valores do mundo dominante e, também, segundo seus interesses econômicos.

O que o etnocentrismo sustenta é a existência de uma vida ideal, boa, bela e correta, segundo o olhar de quem avalia. Dessa forma, práticas culturais como a perfuração corporal dos ameríndios do Alto Xingu, danças tribais de diversos povos africanos, o culto aos orixás yorubanos na Nigéria, entre tantas outras práticas culturais, foram e ainda são sempre vistas como aberrações culturais a serem corrigidas, ou salvas.

---

[18] A Conferência de Berlim ocorreu entre os anos de 1884–1885 na Alemanha e teve como grande objetivo a partilha da África segundo os interesses das potências europeias. A Conferência não considerou ao repartir o continente nem a história, nem a cultura, nem as sociedades africanas anteriores ao acontecimento, tendo como consequência a ocupação arbitrária dos territórios, o genocídio de diversos povos, a usurpação das riquezas daquele continente, entre outros problemas.

No decorrer do século XX, a antropologia, a partir dos registros etnográficos[19] de Franz Boas e B. Malinowsky, e na esteira de dezenas de outros antropólogos, têm mostrado que não se pode medir, avaliar, quantificar a cultura, já que não existem povos em estágios de desenvolvimento superior e/ou inferior. Franz Boas afirmou que cada grupo humano desenvolve-se num ritmo e num curso próprio, não podendo ser simplificado numa estrutura dos chamados três estágios, selvageria, bárbarie e civilização como etapa final.

O fato de um grupo humano da Ásia ou América, por exemplo, não possuir celular, internet, escola, igreja etc. não quer dizer que este grupo seja intelectualmente inferior aos demais ou ainda que necessite receber estas tecnologias para "melhorar" de vida.

A visão etnocêntrica não é particular dos ocidentais mas da própria humanidade. Suas raízes são de ordem social, econômica, política, psicológica entre outras. A peculiaridade do etnocentrismo europeu, contudo, foi sua prática colonial-imperialista.

Se, por um lado, devemos ficar atentos às razões e às consequências do etnocentrismo no nosso cotidiano, por outro, devemos ainda tentar entender, dentro do universo da cultura, que existem práticas estranhas que precisam ser compreendidas a partir de um olhar atento, sem julgamentos e distante de uma vontade de dominação cultural. O etnocentrismo é uma forma de olhar o mundo sem aceitar que nele existam diferenças culturais, padrões de comportamentos plurais. Busca, sempre, impor aos diferentes uma homogeneidade religiosa, tecnológica, política, por exemplo,

---

[19] A antropologia cultural tem como base a etnografia. Literalmente é uma escrita sobre os povos. Para Laplantine (2007, p.25), "A etnografia é a coleta direta, e a mais minuciosa possível, dos fenômenos que observamos, por uma impregnação duradoura e contínua e um processo que se realiza por aproximações sucessivas." Esses fenômenos podem ser recolhidos tomando-se notas, mas também por gravação sonora, fotográfica ou cinematográfica. Já a etnologia consiste num primeiro nível de abstração: analisando os materiais colhidos, fazer aparecer a lógica específica da sociedade que se estuda.

sem aceitar que cada cultura, cada povo, escolha seus próprios valores, costumes e crenças.

Relativismo cultural

Devemos achar normais todos os hábitos culturais que existem no planeta? Bem, a questão não é se um costume é normal/anormal, certo/errado, ou se devemos aceitar ou rejeitar essa ou aquela forma de organização social. O relativismo cultural implica em compreender as práticas culturais dos povos na perspectiva de quem as cria. Segundo Marconi:

> *A relatividade cultural ensina que uma cultura deve ser compreendida e avaliada dentro dos seus próprios moldes e padrões, mesmo que estes pareçam estranhos e exóticos. Assegura ao antropólogo atitudes mais justas e humanas, o que vem, muitas vezes, contrariar os interesses da cultura dominante* (...).[20]

Podemos listar diversas práticas vistas com estranhamento, como a ocorrida no Japão, a prática do harakiri (suicídio ritual), que era vista como heroísmo, cometido na véspera do ano novo por um devedor insolvente e como forma de limpar o seu nome e o da família, hoje em desuso.

Outros costumes, como a prática antropofágica dos índios tupis, da costa brasileira, ocorrida em situações extremamente específicas, relatada pelos europeus no século XVI, e o xamanismo, como uma prática mágico-religiosa etnomédica, foram vistos de forma bastante negativa pelos europeus, que logo os consideraram selvagens.

A circuncisão masculina da criança entre os judeus é outra prova da diversidade cultural religiosa e não autoriza ao olhar estrangeiro

---

[20] Op. cit., p. 17.

Antropologia e arte

avaliá-la a partir de um quadro cultural estranho a esse grupo. Os costumes, normas, valores não devem ser vistos na perspectiva de melhor ou pior, pois também nossos próprios costumes podem ser julgados de modo bastante inverso por outros povos.

Vale sempre repetir que não existem normas, valores e costumes universais, pois a diversidade cultural existente no planeta impõe a necessidade de se olhar para o outro dentro de sua esfera de referência simbólica.

Como disse Ruth Benedict, a moralidade social varia em todas as sociedades.

Síntese do capítulo

Neste capítulo, você aprendeu que a cultura deve ser compreendida como algo dinâmico que se altera no tempo e no espaço, não permanecendo estática. A aculturação é um processo que pode ser voluntário ou forçado e deve ser estudada em cada caso específico. Também vimos que o etnocentrismo é aquela visão de mundo na qual o grupo avalia as outras culturas a partir de seus próprios valores. O etnocentrismo é uma peculiaridade da cultura humana e apresenta diversas motivações, tendo ao longo da história provocado enorme desgaste entre os povos, gerado inúmeros preconceitos e promovido guerras e invasões culturais. Por fim, entendemos o relativismo cultural como um método de análise que se opõe ao etnocentrismo, já que ele parte do princípio de que a compreensão da cultura externa à minha precisa ser vista e analisada na perspectiva de quem a produz.

Antropologia brasileira: cultura, identidade e arte

Introdução

A temática da identidade tem sido abordada com grande frequência nas ciências sociais e também na arte. O assunto é de grande importância para a antropologia que aborda o assunto como objeto central de muitas pesquisas etnográficas. A partir da década de 1930, no Brasil, o estudo sobre o que se entende pela identidade do brasileiro inaugurou o debate e vários autores fizeram leituras que destacam o caráter mestiço e multicultural do povo brasileiro. Hoje este tema é visto numa chave de leitura que revela a complexidade teórica e empírica do conceito de identidade pensado como parte de um processo permanentemente em construção.

Tanto a antropologia como a arte propuseram reflexões às vezes semelhantes, às vezes distintas, sobre o brasileiro e suas práticas culturais. O olhar produzido pelas primeiras imagens na pintura realizada por artistas europeus e nacionais a partir do século XVII somado a uma antropologia brasileira iniciada no século XX oferecem um mapeamento científico e visual bastante integral, tanto a respeito dos primeiros habitantes do Brasil quanto das consequências culturais que agiram, e ainda agem, sobre a reelaboração da identidade do povo brasileiro.

Os brasileiros dos *brasis*

Quem foram e quem são os brasileiros? Que particularidades, características, singularidades apresentam os habitantes do Brasil? Há mais de quatro séculos os primeiros cronistas e viajantes ibéricos que pisaram na ainda província de Santa Cruz traçaram os primeiros registros geográficos, étnicos, botânicos e linguísticos sobre os habitantes da América. Este encontro com uma alteridade tão assustadoramente distinta dos povos europeus representou para o imaginário de ambos – "selvagens" e "civilizados" – uma verdadeira refundação da condição humana. Não vai demorar muito a surgir as primeiras descrições e afirmações sobre o estado cultural desses habitantes.

Pero de Magalhães de Gândavo, em 1576, cronista e historiador português, em sua *História da Província Santa Cruz a que vulgarmente chamamos Brasil*, impressionado com a tamanha estranheza ética e também estética dos ameríndios[21], escrevera:

> *Carece de três letras, convém saber, não se acha nela F, nem L, nem R, coisa digna de espanto, porque assim não tem Fé, nem Lei, nem Rei, e dessa maneira vivem desordenadamente, sem terem além disto conta, nem peso, nem medida.*[22]

Esta avaliação sobre os costumes, crenças e organização social dos "novos descobertos" por Gândavo, ou como diz Laplantine (2007), uma afirmação ideológica sobre a condição do outro visto

---

[21] O termo ameríndio é usado nessa obra para designar os nativos do continente americano. Enquanto o termo índio é dados aos habitantes da América na ocasião da chegada dos europeus. Cristóvão Colombo, quando chegou à América, estava convencido de que tinha chegado à Índia, daí o nome índio, indígena. Para este trabalho, usaremos tanto os termos índio/indígena/ameríndio indistintamente, ainda que a palavra ameríndio seja mais adequada.

[22] *A Primeira História do Brasil – a que vulgarmente chamamos Brasil*, p.135-136.

como oposto ao "civilizado" e de "alma e corpo selvagem", apresenta as primeiras informações, explicações e, na sequência, generalizações sobre a brasilidade desses novos e estranhos povos do Brasil.

A compreensão sobre os valores, os comportamentos e as crenças dos brasileiros será tema de uma variedade de textos e obras sociológicas e literárias nos séculos seguintes. Por exemplo, é com Gonçalves Dias no poema *Marabá*, publicado em 1851, que constatamos a mestiçagem como problema étnico da ameríndia discriminada por sua condição não europeia e não índia. Os traços físicos da índia são rejeitados pelo grupo a que pertence, fruto de uma ascendência multicultural, com isso já abrasileirada. Marabá é bonita, mas mestiça, e por isso não é aceita – "Eu vivo sozinha; ninguém me procura! Acaso feitura! Não sou de Tupã?" –, pois não se enquadra na descrição do indígena. *Marabá*, ícone da literatura romântica brasileira, ilustra, no século XIX, os traços que se fazem evidenciar dos brasileiros na sua aventura multiétnica.

Marabá

Gonçalves Dias

Eu vivo sozinha; ninguém me procura!
Acaso feitura
Não sou de Tupã?
Se algum dentre os homens de mim não se esconde,
— Tu és, me responde,
— Tu és Marabá!

— Meus olhos são garços, são cor das safiras,
— Têm luz das estrelas, têm meigo brilhar;
— Imitam as nuvens de um céu anilado,
— As cores imitam das vagas do mar!

Antropologia e arte

Se algum dos guerreiros não foge a meus passos:
"Teus olhos são garços,
Responde anojado; "mas és Marabá:
"Quero antes uns olhos bem pretos, luzentes,
"Uns olhos fulgentes,
"Bem pretos, retintos, não cor d'anajá!"

— É alvo meu rosto da alvura dos lírios,
— Da cor das areias batidas do mar;
— As aves mais brancas, as conchas mais puras
— Não têm mais alvura, não têm mais brilhar.

Se ainda me escuta meus agros delírios:
"És alva de lírios",
Sorrindo responde; "mas és Marabá:
"Quero antes um rosto de jambo corado,
"Um rosto crestado
"Do sol do deserto, não flor de cajá."

— Meu colo de leve se encurva engraçado,
— Como hástea pendente do cáctus em flor;
— Mimosa, indolente, resvalo no prado,
— Como um soluçado suspiro de amor! —

"Eu amo a estatura flexível, ligeira,
"Qual duma palmeira,
Então me responde; "tu és Marabá:
"Quero antes o colo da ema orgulhosa,
"Que pisa vaidosa,
"Que as flóreas campinas governa, onde está."

— Meus loiros cabelos em ondas se anelam,
— O oiro mais puro não tem seu fulgor;
— As brisas nos bosques de os ver se enamoram,
— De os ver tão formosos como um beija-flor!

Mas eles respondem: "Teus longos cabelos,
"São loiros, são belos,
"Mas são anelados; tu és Marabá:
"Quero antes cabelos, bem lisos, corridos,
"Cabelos compridos,
"Não cor d'oiro fino, nem cor d'anajá."

E as doces palavras que eu tinha cá dentro
A quem nas direi?
O ramo d'acácia na fronte de um homem
Jamais cingirei:

Jamais um guerreiro da minha arazoia
Me desprenderá:
Eu vivo sozinha, chorando mesquinha,
Que sou Marabá!

A reflexão sobre o caráter mestiço da cultura e do povo brasileiro, como Marabá, torna-se recorrente ao longo do século XX. Por que o índio não aceita Marabá (a índia loira) com todos os atributos que ela possui? O que 'falta' a ela, quando diz: "Tu és Marabá!"? E na passagem o índio responde: "Teus longos cabelos, são loiros, são belos, mas são anelados". Fruto do intercruzamento cultural, entre o índio, o negro e o europeu, nos quatro primeiros séculos, o povo brasileiro vai se firmando etnicamente como um povo mestiço e herdeiro de uma cultura híbrida, deslocada e diversa. Os cientistas sociais brasileiros[23] Gilberto Freyre, Darcy Ribeiro e

---

[23] Sérgio Buarque de Holanda oferece também uma contribuição importante para se pensar a identidade do brasileiro. No clássico *Raízes do Brasil*, da década de 1930, Buarque inaugura esta reflexão com o texto "O homem cordial", segundo o qual a dimensão cordial (agir guiado pelo *cordes*, coração), governa a vida dos brasileiros que coloca as questões familiares, privadas, sempre em primeiro plano em detrimento da uma dimensão publica. Cordialidade, no sentido dado pelo autor, não se confunde com educação ou bondade, mas sim a mover-se socialmente por uma vontade não polida (não racional), mas emotiva.

Antropologia e arte

Roberto DaMatta oferecem importantes leituras sobre o Brasil e os brasileiros. Foi com Gilberto Freyre e Darcy Ribeiro que o tema da brasilidade desse povo sincrético foi retomado e detalhado, constituindo um dos marcos de uma antropologia vista por dentro e ao Sul do Equador. Freyre, em sua bem conhecida obra *Casa grande & senzala*, realiza uma enorme contribuição para se pensar a cultura brasileira. Escrito em 1933, *Casa grande & senzala*, nas palavras de Darcy Ribeiro, é uma monografia de caráter etnográfico, que tem como cenário o litoral nordestino.

Darcy Ribeiro

Gilberto Freyre

É um estudo integrado do complexo sociocultural que se construiu na zona florestal úmida do litoral nordestino do Brasil, como base na monocultura latifundiária de cana-de-açúcar, na força de trabalho escrava, quase exclusivamente negra, na religiosidade católica impregnada de crenças indígenas e de práticas africanas; no domínio patriarcal de engenho, recluído da casa-grande com sua esposa e filhos, mas polígamo, cruzando com as negras e as mestiças.[24]

Casa grande & Senzala corresponde a uma tentativa de responder sobre o que é ser brasileiro. Na formação de uma sociedade agrária, escravocrata e híbrida vemos emergir um fundamento

---

[24] "Uma introdução a Casa grande & Senzala". In: FREYRE, Gilberto. *Casa grande & Senzala*, p. 29.

caracterizador de uma sociedade apegada aos afetos familiares e, como afirma o autor, à família como grande fator colonizador no Brasil. Somado a uma fé católica, vista por Freire (2000, p.103) como o "cimento da nossa unidade", não deixou de se sincretizar, pois "o catolicismo no Brasil haveria de impregnar-se dessa influência maometana como se impregnou da animista e fetichista, dos indígenas e dos negros menos cultos".[25] A verdadeira manifestação do divino se expressava, segundo o autor, através do catolicismo, onde os negros perpetuaram os seus valores religiosos, recorrendo ao sincretismo religioso[26]. Vemos um verdadeiro mosaico de comportamentos religiosos que perpassam o dogmatismo católico no Brasil transformando, alterando, interferindo decisivamente na recepção acalorada que os brasileiros possuem, ainda hoje, de um cristianismo distinto do europeu. A própria língua, também produto deste sincretismo, manteve-se dividida entre um falar da casa grande e um falar da senzala, formando com as referências indígenas, africanas e portuguesas nossa língua brasileira tão distinta da portuguesa.

Outro autor singular para a compreensão do Brasil é Darcy Ribeiro. O que tem os brasileiros de peculiar – diz Darcy em *O povo brasileiro* – decorre das qualidades vindas de suas matrizes indígenas e africanas que geraram uma unidade étnica nova, um 'povo novo', contudo, num processo continuado e violento de unificação política. A obra apresenta as matrizes tupi, afro e portuguesa como a base primeira para se entender a formação étnica

---

[25] FREYRE, 2000, p. 368.
[26] Segundo Bastide (1974, p.144), o sincretismo religioso católico, no caso afro-brasileiro, "Pode ser explicado pela necessidade que tinham os escravos, na época colonial, de dissimular aos olhos dos brancos suas cerimônias pagãs; dançavam então diante de um altar católico, o que fazia com que seus senhores, mesmo achando as coisas esquisitas, não imaginassem que as danças dos negros se dirigiam, muito além das litografias ou das estátuas dos santos, às divindades africanas".

da nossa brasilidade. Uma identidade étnica do povo do Brasil, segundo Ribeiro, deve ser pensada

> (...) *pela gestação de uma etnia nova, que foi unificando, na língua e nos costumes, os índios desengajados de seu viver gentílico, os negros trazidos da África, e os europeus aqui querenciados. Era o brasileiro que surgia* (...)[27]

A composição deste povo novo, brasileiro, é fruto de uma mestiçagem que originou o "brasilíndio mestiço" que, não sendo europeu nem ameríndio, começa a se ver como brasileiro. Essa consciência e essa elaboração da própria imagem fazem surgir uma humanidade étnico-cultural nova. Porém, afirma o autor, não foi tranquila tal unidade, pois o processo de formação deste povo se fez num constante choque de índios, negros e brancos como uma marca permanente na cultura brasileira, com prejuízos gigantescos para os africanos e ameríndios. Finalmente, diz Darcy Ribeiro (1995, p.448), ao encerrar "essa massa de mulatos, caboclos, lusitanizados pela língua portuguesa que falavam, pela visão de mundo, foram plasmando a etnia brasileira e promovendo sua integração na forma de um Estado-nação".[28]

"O Brasil está em toda parte", afirma Roberto DaMatta na obra *O que faz o brasil, Brasil?* Para o autor, em todos os cantos da vida somos brasileiros genuinamente, na comida que comemos, na roupa que usamos, na casa onde moramos, por exemplo. Será que existe uma identidade na moda brasileira? Na arquitetura do Brasil? Identidade essa produzida por sujeitos sociais a partir de marcas da cultura redefinindo sua posição na estrutura social.[29] Essas são questões ainda inquietantes. Buscando responder *Como um povo se*

---

[27] *O povo brasileiro*, p. 30.
[28] Idem, ibidem, p.448.
[29] Veja-se CASTELLS, 1999.

Antropologia e arte

transforma em Brasil, DaMatta investiga a fundo o comportamento, as crenças, as festas, a casa e a rua de nossa brasilidade. A uma resposta possível, diz ele, que se reconhece brasileiro:

> (...) *porque, ouvindo música popular, sei distinguir imediatamente um frevo de um samba; porque futebol para mim é um jogo que se pratica com os pés e não com as mãos; porque vou à praia para ver e conversar com os amigos, ver as mulheres e tomar sol, jamais para praticar um esporte; porque sei que no carnaval trago à tona minhas fantasias sociais e sexuais; porque sei que não existe jamais um 'não' diante de situações formais e que todas admitem um 'jeitinho' pela relação pessoal e pela amizade; porque ficar malandramente em cima do muro é algo honesto, necessário e prático no caso do meu sistema* (...)[30]

Uma maneira própria e particular caracteriza cada povo que se reconhece como parte de um agrupamento maior, que age dentro da cultura de modo bastante convincente, respondendo automaticamente e de modo semelhante aos demais a todas as demandas, dificuldades, alegrias e tristezas. A identidade é uma construção diária feita de afirmações, de negações, de respostas. A identidade brasileira se reconstrói por matrizes próprias, muitas vezes, reduzindo e explicando, como afirma DaMatta, a realidade a um problema de família, de relações pessoais e de cordialidade, como fala Sérgio Buarque. Aí estariam plantadas nossas cicatrizes culturais. Tais práticas cotidianas circulam formas inéditas de ser brasileiro, estabelecendo um código cultural próprio.

Seja construído por dentro de uma dinâmica colonizadora, de uma multiplicidade étnica e de um comportamento cultural avesso à formalidade, o jeito de ser brasileiro evidencia uma identidade que vem movendo-se lentamente, recriando-se permanentemente,

---

[30] *O que faz o brasil, Brasil?* p. 16-17.

misturando-se a outros povos, se refazendo a cada nova tecnologia. A compreensão de uma chave de leitura sobre o que é a identidade do brasileiro não se resume porém a essas visões, ou somente a este tipo de conhecimento antropológico sobre os brasis e os brasileiros. A arte, seja aquela produzida por brasileiros ou a que representa o Brasil e os brasileiros, feita por europeus, ao longo da história, também teve um papel decisivo na compreensão que temos de nós mesmos. Uma arte brasileira vai se mostrar como uma preciosa forma de entender a cultura, a sociedade e o pensamento do país.

A representação dos povos do Brasil na arte brasileira

A arte está profundamente ligada à cultura de um povo. Quando se relaciona obras, artistas e movimentos com a cultura compreende-se de forma mais significativa tanto a poética artística quanto os traços da identidade de um grupo. Neste sentido, o estudo da cultura pode ser acompanhado de um estudo atento das formas estéticas de uma época. A pintura, como outras linguagens, cria representações de mundo, formas artísticas de ver a realidade, por isso múltiplas, temporais e muitas vezes ideológicas. Representar é colocar uma coisa no lugar da outra. A imagem, como signo que é, faz isso perfeitamente. Alguns artistas realizaram pinturas que mostram a visão e o pensamento que o europeu e mais tarde o brasileiro fizeram do Brasil. Albert Eckhout, Jean-Baptiste Debret e Victor Meirelles são ilustrativos para se entender o Brasil pela arte.

O holandês Albert Eckhout viajou ao Brasil entre os anos de 1637 a 1644 onde permaneceu por sete anos na comitiva de Mauricio de Nassau. A partir desta viagem, produz desenhos e pinturas variadas sobre o Brasil e uma delas, a obra *Dança Tapuia* (1641-1644; óleo sobre tela, 295 x 172 cm; Nationalmuseet, Copenhague, Dinamarca), merece atenção como um importante registro etnográfico. Os tapuias, naquela época, pertenciam a todos os grupos indígenas que não eram tupis e habitavam o interior do país. A cena retratada ilustra um ritual de preparação para o confronto com o inimigo. Na imagem, duas mulheres da tribo, que parecem grávidas, cochicham com as mãos nas bocas, mostram-se num primeiro plano à direita e, a seus pés, um tatu passa tranquilamente revelando uma harmonia discreta entre humanos e animais. Logo atrás delas, vemos coqueiros e outras árvores[31] e mais ao fundo, atrás do grupo de índios, uma mata distante. Os índios, em tamanho natural, dançam cerimoniosamente num ritual ritmado e sincronizado, com tacapes e flechas nas mãos indicando uma preparação para uma possível guerra. Um índio, mais próximo das mulheres, encara o espectador. Eckout, nesta representação do mundo dito selvagem dos trópicos, destaca a dança como um elemento cultural da tribo apreendido e repleto de significados. Formalmante, a obra possui extremo equilíbrio e harmonia composicional, revelando um jogo de luz e sombra, num flagrante daquela cultura ameríndia, registrada com formas e cores pelo artista. Como pensamos o "selvagem" a partir dessa obra? Como a Europa enxerga o habitante da América? Quais as implicações culturais dessas imagens e seus impactos longe daquele acontecimento? Passemos a segunda obra.

Outro artista importante para nosso estudo é Debret. A formação neoclássica[32] europeia de Jean-Baptiste Debret apresenta, mais de cem anos depois, uma difícil forma de registro etnográfico que vai ter que se acostumar aos trópicos, criando uma arte que busca servir de comemoração aos feitos da Coroa portuguesa no Brasil.

---

[31] Segundo pesquisas, foram esses coqueiros importados do sudeste asiático para o Brasil em meados do século XVI o que levanta a questão se de fato o artista os viu ou os colocou na pintura.

[32] O neoclassicismo é uma estética europeia surgida na França no século XVIII que teve como característica um apelo aos temas greco-romanos na pintura e escultura com preferência pelo formalismo e pela linearidade, poses sempre escultóricas, exatidão nos contornos e temas ditos nobres e eventos gloriosos.

Dança Tapuia (Eckout)

Mesmo a pintura e desenhos de costumes locais e de grupos afro-ameríndios em seu dia a dia, parece uma coisa estranha ao artista. Pintor, desenhista, gravador, professor, decorador, cenógrafo, Debret chega ao país no século XIX, em 1816, juntamente com uma comitiva que integra a chamada Missão Artística Francesa, cujo objetivo é promover o ensino artístico no país. Suas aquarelas, litografias, desenhos e telas formam um panorama sobre os habitantes do Brasil naquele período. Suas imagens sobre os ameríndios, os afro-brasileiros, os mestiços, os escravos, os profissionais liberais, entre outros, apresentam uma visão, em alguns momentos, bastante etnocêntrica sobre os povos brasileiros.

Para Debret, "os negros não passam de grandes crianças, cujo espírito é demasiado estreito para pensar no futuro, e demais indolentes para se preocupar com ele".[33] O traço firme e sinuoso do artista destaca um caráter indolente, preguiçoso, brincalhão e

---

[33] Apud Naves, 2007, p. 81.

Antropologia e arte

mesmo duvidoso da negritude e informam nos contornos coloridos, como na obra *Cena de Carnaval* (1834-1839), uma visão estereotipada dessa população abrasileirada. Debret vê os escravos negros com um olhar áspero. Encontra neles ainda o primitivo não adaptado à "civilização", que aliás, também para ele, não existia no Brasil. Aos poucos, Debret vai povoando nosso imaginário de um Brasil oitocentista mostrando uma convivência intensa, preguiçosa, próxima e difícil entre brancos e negros.

Outra obra do artista é *Uma senhora brasileira em seu lar* (1834-1839) que corta um tecido enquanto a filha sentada à frente tenta ler umas letras do alfabeto e os escravos ao seu redor trabalham ali bem próximos para o conforto da casa, mostra, com certa

Cena de Carnaval (Debret)

harmonia, o ambiente doméstico carioca no século XIX. Ilustra uma pacífica convivência privada de liberdade, por parte dos negros, que parece não desconfiarem de outra possível existência longe da Sinhá, como diz Freyre. Um ambiente pacificado suspende o confronto real para além daquela realidade.

Um terceiro artista que ofereceu outra importante leitura sobre o nascimento do país foi Victor Meirelles. O artista, distante de uma representação urbana do século XIX, apresenta o clássico *A Primeira Missa no Brasil* (1860), celebrada por Dom Frei Henrique de Coimbra, no dia 26 de abril de 1500, em Santa Cruz Cabrália, no litoral sul da Bahia. A tela busca inaugurar um registro da história cultural (e visual) do Brasil. Dialoga com a carta de Pero Vaz de Caminha ao rei de Portugal D. Manoel I, na ocasião da chegada dos europeus na América. A exímia habilidade técnica do artista, que segue a risca as recomendações de uma pintura histórica (grandes formatos, complexidade composicional, perfeição formal) tornam o quadro imediatamente um marco fundador de uma arte brasileira ainda no Império. O centro da tela mostra um frei que eleva o cálice em direção à cruz firmemente destacado pela luz clara de um dia iluminado. As roupas dos religiosos contrastam com a nudez de toda uma tribo indígena que assiste a tudo entre assustada e curiosa. Sua condição 'selvagem' se explicita nos gestos, no comportamento nada adequado à ocasião. Ao pé da cruz, aparecem os objetos dos conquistadores portugueses com suas armaduras que estão imediatamente atrás do frei Henrique e se curvam à dimensão espiritual do evento. Um agrupamento de índios aparece em primeiro plano e rodeando o acontecimento central da pintura. Pendurados em árvores, acocorados no chão, espalhados pela praia assistem placidamente o acontecimento que mudará para sempre suas vidas. Todo o cenário antropológico, unido a uma sóbria composição visual, ratificam a ideia da Carta de Pero Vaz de Caminha, da qual *A primeira missa* saiu: da submissão aparentemente pacífica dos indígenas tanto aos supostos benefícios da religião para sua cultura quanto à nova ordem administrativa portuguesa.

Antropologia e arte 55

Primeira Missa no Brasil (Debret)

Essas imagens vão construindo, ideologicamente, impressões visuais sobre a primeira brasilidade seguida de uma convocação religiosa que retira 'os brasilíndios', 'os brasilafros' da condição espúria de seres selvagens, primitivos, sem história, mergulhados num cotidiano profano naturalizado pela ausência de progresso, pela presença de uma identidade ainda não conduzida pela civilização, como afirmavam.

Diferentemente, não há como negar que a dinâmica própria da cultura altera essas matrizes étnicas, como diz Darcy Ribeiro, quando confrontadas num povo misturado, multicultural, com heranças religiosas diversas, portador de um comportamento distinto do resto do mundo, como diz DaMatta, com seu 'jeitinho' singular, e marcado pela hierarquização relacional do senhor-escravo, como fala Freyre. As imagens buscam uma sintonia pictórica a partir de um olhar europeu e nacional tentado capturar a diferença antropológica de um povo que nasce sob o signo da mestiçagem, como em outras partes da América. Pensar a dimensão das artes na complexidade da identidade brasileira torna-se, então, fundamental para se articular os diversos sentidos da cultura tupiniquim-afro-lusa.

Síntese do capítulo

No capítulo estudado, apresentamos a reflexão sobre o que é o brasileiro. Como devemos pensar nossa brasilidade? Qual é a identidade do povo brasileiro? Essa questão foi trabalhada aqui em duas frentes: uma antropológica e outra artística. Na versão científica, Gilberto Freyre com *Casa-grande & senzala*, Darcy Ribeiro, com *O povo brasileiro*, e Roberto DaMatta, no seu *O que faz o brasil, Brasil?*, colocaram o problema em diversas perspectivas, sempre realçando o caráter multicultural, mestiço e relacional como constituintes do jeito de ser do brasileiro. Uma cultura híbrida marcada pelas contribuições dos africanos, dos ameríndios e dos portugueses inicialmente fizeram do brasileiro um povo e uma cultura sincrética. Também vimos que as artes criam novas representações idealizando, ideologizando e caracterizando um grupo conforme o olhar do artista e da época. Seja como for, pensar a identidade da cultura e do povo brasileiro é uma tarefa complexa, demorada e mesmo um exercício de liberdade.

PARTE II

# Antropologia e história da arte: o pensamento artístico na cultura

Introdução

A aproximação teórica entre o campo da arte e o da antropologia é do século XX. Ambos os campos do conhecimento percorreram caminhos distintos e nem sempre somaram esforços para a compreensão mútua do objeto artístico em contexto antropológico.

O campo da história da arte data do século XVI quando Giorgio Vasari selecionou e organizou pela primeira vez uma bibliografia dos artistas do Renascimento. O campo da antropologia se consolida, tempos mais tarde, na virada do século XIX para o século XX com o surgimento da etnografia e das pesquisas de campo de Bronislaw Malinowsky e Franz Boas. No entanto, é possível dizer que a contribuição da cultura para a pesquisa em arte foi crescendo mais em meados do século XX, e a reflexão sobre a arte das sociedades de pequenas dimensões não foi tema central, inicialmente, para a antropologia. Este afastamento não passou de uma visão limitada, como diz Laburthe-Tolra:

A recusa dos 'estetas' de levar em consideração o sentido e o contexto social não está isento de um certo sectarismo. Compreender as palavras de uma ópera ou o simbolismo arquitetônico de uma

categral não prejudica em nada a emoção estética, muito pelo contrário.[34]

Em alguns trabalhos de antropólogos conhecidos, encontramos um esforço teórico que busca compreender a esfera da produção e do pensamento artísticos de povos não europeus, bem como uma uma reflexão mais detalhada sobre a dimensão da arte nas sociedades ditas primitivas. Levi-Strauss, por exemplo, no texto *O desdobramento da representação nas artes da Ásia e da América* (2012) e o clássico *Arte primitiva* (1947), de Franz Boas, se enquadram nesta perspectiva. Pode-se dizer que o estudo da forma plástica de culturas não europeias só recentemente vem ganhando relevo. A relação entre arte e religião e a questão do estilo foram centrais para a antropologia da arte e mereceram destaque por estes autores.

Arte e antropologia: dificuldades

A dificuldade da aproximação entre arte e antropologia operou em três sentidos. A primeira dificuldade porque esta aproximação viu-se impossibilitada pela própria definição do que vem a ser arte entre os ocidentais. Das muitas definições possíveis como mímese da realidade, expressão da subjetividade do artista ou como portadora de qualidades puramente formais, todas não se estendiam a uma arte fora da poética europeia, classificada como desenvolvida a partir do Renascimento.

No campo da História da Arte, a obra *A Escola de Atenas*, de Rafael, século XVI, pode ser analisada dentro desta lógica comparativa. Para os europeus, era um sinônimo de arte "evoluída", portadora de uma beleza harmônica e equilibrada. A perspectiva, o uso da luz, a pluralidade na composição, o resgate da racionalidade grega no auge do humanismo, século XIV, por exemplo, seriam

---

[34] *Etnologia-Antropologia*, p. 285.

traços desta pintura chamada desenvolvida. Sua composição formal é a marca clássica do seu desenvolvimento.

No campo da antropologia e com relação à forma, Franz Boas fez afirmações importantes para se pensar a relação entre arte e antropologia. Para ele, a arte nasce da reação da mente a uma forma, e tal forma assume um valor estético. Sendo assim, toda a humanidade é portadora desta reação da mente em busca de uma forma que pode vir a assumir um gosto, um prazer estético. Esta "aptidão" da mente humana acontece tanto para uma tribo africana quanto para os círculos da sociedade renascentista. Onde começa esse ajuizamento estético, Boas não responde, porém, a forma, o tom, o movimento podem sugerir este início. Por outro lado, o juízo estético, a capacidade de avaliar, de gostar de uma forma artística, surge também de nossas experiências com o mundo quando relacionamos as formas plásticas que criamos, ou tomamos contato com os símbolos produzidos pela cultura. Ou seja, não é nato, mas construído culturalmente. Boas foi fundamental para superar a visão evolucionista do pensamento do século XIX, que ainda entendia a cultura dos povos ditos não civilizados como inferiores.

A segunda dificuldade (em constituir uma antropologia da arte), decorrente da motivação anterior, partiu da afirmação inicial da antropologia evolucionista ainda no século XIX em categorizar os "povos primitivos" como não produtores de uma arte nos moldes da arte europeia, porque tal "arte" era vista apenas como parte de rituais, nos limites da religião, e ausentes na sua produção de um percepção clara do belo. Daí, pensavam, sua inferioridade. Também a história da arte contribui para a afirmação dessas ideias, pois a incapacidade dos teóricos da arte e mesmo dos primeiros pesquisadores sociais em compreender não somente a variedade de manifestações artísticas contextuais, como danças, cantos e pinturas corporais, motivou os estudiosos ocidentais da arte a afirmar que esses povos não possuíam arte, já que não saberiam também emitir juízo estético sobre ela, bem como por possuírem uma arte em função exclusivamente de um ritual. Pesquisas têm mostrado, contudo, que tais opiniões não passaram de afirmações apressadas e equivocadas. A etnia Bamana, por exemplo, tem palavras específicas como *cè nya, cè nyin, cè jugu,* para beleza, belo e feio. Outros tantos grupos tribais da África ou mesmo os ameríndios brasileiros possuem também conceitos para beleza, feiura, sublime, entre outros. Além disso, conseguem apreciar e julgar o que acham mais ou menos bonito.

A terceira dificuldade entre antropologia e arte veio com afirmação sugerida pelos historiadores da arte, e mesmo antropólogos, de que esses povos não produziam arte porque, não havendo este conceito entre muitos deles – o que não deixa de ser verdade –, o chamado artefato artístico não possuiria independência absoluta dos usos cotidianos, ou seja, eram produzidos em função de outra coisa. Não sendo uma 'arte pela arte', desapareceu dos livros de história da arte.

Contudo, vale ressaltar que a produção material dessas sociedades de pequena dimensão está inserida no contexto onde nasce e com ele guarda identidade, mas sem com isso dispensar apreciação estética ou se vincular exclusivamente a uma função religiosa, podendo incluisve emergir ligada à função comemorativa, pedagógica ou mesmo política.

Franz Boas, como dissemos, foi um dos primeiros antropólogos a buscar a unidade formal nos trabalhos de diversas tribos diferentes. Para este autor, em *A arte primitiva*[35], o estudo da arte primitiva deveria levar em conta dois princípios:

> *o primeiro consiste na identidade fundamental dos processos mentais de todas as raças e em todas as formas culturais de nossos dias; e o segundo, na consideração de todo o fenômeno cultural como resultado de acontecimentos históricos.* [36]

---

[35] Por arte primitiva entende-se a arte estilizada das sociedades sem escrita.
[36] *A arte primitiva*, p. 07.

Antropologia e arte

Finalmente, não foi possível à história da arte compreender, de início, que a formação da sensibilidade artística para os povos não ocidentais não se concentra somente no campo da arte, mas se espalha por todas as eferas da vida do grupo, o que para um ocidental não foi considerado. Assim, no cotidiano, na religião, nas festas, por exemplo, ocorrem apreciações estéticas por todos os indivíduos do grupo não havendo um especialista que detém o monopólio sobre o discurso do belo, o que seria estranho. A complexidade dessas culturas fornece sempre uma visão integral de tudo que é produzido exigindo de um pesquisador atento a compreensão detalhada das práticas culturais.

Caso a percepção das formas artíticas tribais fossem vistas pela lente da cultura, certamente a consolidação do campo da antropologia da arte teria sido mais rápida e não somente apenas em meados do século XX. Além disso, essa consolidação do campo da antropologia da arte poderia ter contribuído com os livros de história da arte que ainda hoje pouco oferecem de informações visuais e teóricas sobre a arte de outros povos não ocidentais.

A consolidação do campo da antropologia da arte

Essas objeções ruiriam no século XX quando a prática antropológica – como veremos a seguir – começa a perceber a produção material artística de povos ameríndios, aborígenes, africanos, entre outros ao redor do mundo, a partir de um estatuto próprio com regras definidas, estilo claramente visível, procedimentos artísticos verificáveis.

Esta percepção alterou-se tanto em função da consolidação da ciência antropológica – com o desenvolvimento da prática de campo a partir da etnografia – quanto da multiplicação de estudos culturais pós década de 1960 em diversos cantos do mundo.

Independente do componente religioso, do ritual a que a arte está submetida, ou de qualquer outra motivação, a antropologia da arte vem se firmando como um campo importante para a compreensão não somente da arte não ocidental, mas também como área de pesquisa nos cursos de arte e de antropologia, principalmente, antropologia cultural.

Diversos estudos mais recentes têm aproximado arte e antropologia, mais ainda aqueles que investigam a interdependência entre arte e cultura, destacando os elementos fundantes da arte primitiva. O entendimento deste objeto de arte parte do princípio de que ele é uma expressão material fruto de uma construção da cultura que é produzido conforme as convenções de representação visual do grupo.

Pode-se dizer que a importância da antropologia da arte enraíza numa ajuda mútua os dois campos. Para a arte, ao entender a dimensão cultural do fazer artístico e, para a antropolgia, ao compreender a dimensão artística de certas práticas culturais. Na sequência, torna-se fundamental estudar a relação entre arte e religião e as características das formas artísticas em contextos de produção antropológicos.

Religião e arte

A religião e a arte não são de modo algum inseparáveis, mas, por razões muito profundas, têm forte afinidade. Em sua essência, a religião é subjetiva, uma questão de diferença. Entretanto, os conceitos ocultos da crença religiosa devem ser objetivados e a arte é 'um meio eminentemente eficiente para tal'.[37]

Compreender a arte dos povos chamados primitivos exige um esforço para deixar de lado as referências estéticas europeias ao

---

[37] Op. cit., p. 413.

Antropologia e arte

analisar não somente a produção material distinta da sua mas os contextos de origem desta produção.

A manutenção da relação entre arte e religião se presentifica na necessidade de tornar visível a todo o grupo o sentido partilhado pela coletividade. A presença do deus na imagem esculpida na máscara e na escultura, desenhada sobre os corpos, corporificada na dança e na música, ganha força com a crença que todos têm da presença deste deus na arte apresentada.

A imagem na obra é um índice de um deus que ali existe e se manifesta, que se torna presente na frente de todos com seu poder de agir sobre os destinos do mundo, agir sobre a saúde dos corpos e da mentes e atender a pedidos suplicantes de seus fiéis. O signo plástico, neste sentido, não representa a ausência de um juízo cultural mas ele é testemunho de uma conduta, não um reflexo de um essência.

O suporte material desses objetos é retirado do ambiente em que vive a tribo, interligando o cotidiano com as atividades comuns para o grupo. Casca de árvore, madeira, argila, palha, entre outros materiais, são trabalhados pelas mãos de um indivíduo criando obras que adquirem no ritual associação com o sagrado.

A mente humana associa ao sagrado imagens que serão objetivadas numa pluralidade de linguagens. Segundo Boyer (apud Mithen, 2002, p. 279), a crença em seres não físicos é a principal característica mais comum das religiões. Para ele, três outras características são comuns nas ideologias religiosas:

> *A primeira é que, em muitas sociedades, pressupõe-se que algum componente não físico de uma pessoa possa sobreviver depois da morte e permanecer como um ser com crenças e desejos. Segundo, pressupõe-se com muita frequência que certas pessoas de uma sociedade estejam mais sujeitas a receber inspirações diretas ou mensagens de esferas sobrenaturais, como deuses ou espíritos.*

Terceiro, também é um pressuposto generalizado que a execução de certos rituais de modo preciso pode causar mudanças no mundo natural.[38]

Esses elementos constituintes das práticas religiosas se ajustam também em diversas sociedades de pequena dimensão com bastante evidência e se entrelaçam com o campo da arte entendida como uma esfera de produção do simbólico. Por arte (numa perspectiva antropológica) aqui estamos entendendo a seguinte formulação: "há um criador (ou criadores), um proceso, um meio, um produto apresentado para a contemplação pública (às vezes limitada), um conteúdo e uma significação, uma reação por parte do espectador (ou espectadores)".[39]

Arte e religião se misturam, se confundem, se organizam num processo constante de apropriação de práticas e procedimentos mútuos usados em benefício da coletividade. Em sociedades de pequena dimensão, como as ameríndias e as tribais africanas, não existe a separação entre arte-religião-conhecimento. A lógica cartesiana de quantificar, hierarquizar, separar é completamente estranha aos povos ameríndios.

A dimensão da funcionalidade da arte a serviço da religião – como se observa em vários grupos ao redor do mundo – está presente nessas sociedades o que, para muitos críticos de arte, não é aceito como próprio da arte por este motivo. Aqui não faz parte deste estudo aprofundar a questão da função da arte na religião. Contudo, antropologicamente deve-se fugir da visão humanista da arte que a circunscreve na esfera de criação autônoma do artista--gênio e separada dos contextos de produção.

---

[38] Boyer apud Mithen in: *A pré-história da mente. Uma busca das origens da arte, da religião e da ciência*, p. 279.
[39] HOEBEL, op. cit., p. 406.

Reflexões sobre o estilo

O estilo refere-se às qualidades formais da obra de arte, ou seja, os elementos internos constituintes da sua forma, como a linha, as cores, o gesto etc. Ele pode ser compreendido como uma linguagem, com lógica e ordenamento interno e expressividade própria. Para a antropologia (cultural), a pesquisa sobre o estilo na arte em sociedades de pequena dimensão é fundamental, uma vez que permite compreender melhor tanto a cultura do povo que a cria como também estabelecer as diferenças culturais demarcadas nas produções visuais. Franz Boas (1947) refere-se ao estilo como uma estabilidade de padrão observada no produto artístico.

Diversas sociedades criaram estilos próprios devido a fatores determinados culturalmente e, segundo alguns pesquisadores, também universalmente, motivados pela própria mente humana. As artes das tribos africanas, da comunidade aborígene ou dos grupos ameríndios no Brasil são exemplos de estilos distintos e que ao longo do tempo mativeram-se estáveis isso não quer dizer que não passaram por mudanças. Em tempos distintos os estilos artísticos variaram. Encontramos na arte europeia exemplos desta variação a partir do Renascimento e Barroco que apresentam bem claramente distinções formais, ou de estilo. Também podemos dizer que é possível identificar o estilo conforme muitos níveis de generalidade: o artista individual, o de uma escola específica, ou ainda em termos mais abrangentes, os estilos figurativos e os abstratos. Segundo Layton:

> *Lawal identificou três modos de representar a cabeça, na escultura iorubá, referindo-se como naturalista, estilizado e abstrato (eles são de fato, três estilos diferentes). Os iorubás consideram que a individualidade e o destino de uma pessoa estão na cabeça. Quando Olodumaré, o Ser Supremo, quer criar uma nova pessoa, pede ao orixá Obatalá, um dos seus assistentes mais competentes, que molde*

o corpo físico com argila. Olodumaré espira vida para dentro da cabeça da forma de argila e o novo indivíduo vai ter, antes do nascimento, com o orixá oleiro, Ajala Alamo, para escolher uma cabeça interna, ou destino (ori).[40]

Podemos observar na arte pré-histórica que as representações de animais vão desde uma simples reprodução das pegadas até a complexa retratação da sua forma corporal. Sempre variando plasticamente mas guardando características formais que dão conta de orientar o espaço e o tempo em que as imagens foram produzidas.

Observamos, com frequência, no entanto, que a arte de sociedades de pequena dimensão sofre poucas variações internas ao longo do tempo, como se este fosse o verdadeiro escultor dos trabalhos. O exemplo da arte africana serve para nos apontar não somente o sentido cultural da máscara/escultura como também informar os elementos composicionais que se articulam internamente.

Os bambaras, também conhecidos como bamanas, vivem no noroeste africano, na região do Mali. Possuem uma complexa vida social e religosa sendo seus costumes regidos por sociedades secretas guardiãs da antiga tradição. A máscara e a estátua compõem uma parte fundamental da simbologia e da cosmologia dos bambaras. Esculpida em madeira, a máscara pode ser a imagem de um rosto humano ou animal, nunca guardando uma reprodução exata, sendo bastante estilizada. Esculpida em madeira, com usos de materiais orgânicos como ossos, chifres, penas entre outros, marcam definitivamente o estilo deste povo norte-africano. Embora representem diversos seres, sua forma costuma ter pouca variação. Os longos chifres, o queixo afinado, a testa comprida, por exemplo, se equilibram confirmando um verdadeiro objeto mágico.

---

[40] *A antropologia da arte*, p. 196.

Antropologia e arte

Além desse exemplo de maestria formal, encontramos diversos outros estilos em África ou mesmo entre os ameríndios brasileiros. A diferenciação de estilos em arte, seja na chamada arte pré-histórica ou mesmo naquelas produzidas em sociedades de pequena dimensão evidenciam a peculiaridade de criar objetos de arte como uma aptidão própria da condição humana.

Num outro sentido, segundo Gell,[41] o conceito de estilo na antropologia da arte é distinto da história da arte ocidental, pois para esta as unidades de estilo estão associadas a artistas individuais, a escolas de artistas ou movimentos. Porém, no contexto de uma antropologia da arte, tais unidades de estilo são culturais, pois o estilo é fruto da coletividade e suas histórias, e não fruto da produção individual, psicológica, de um artista como requer parte da história da arte.

A compreensão do que vem a ser estilo na antropologia da arte pode variar de um autor para outro, mas difere no todo da concepção ocidental como dito acima, pois para este autor o estilo nada mais é que "relações entre relações".

A compreensão dessas diferenças nos ajuda a entender melhor a grandeza da produção material plástica ao redor do mundo e também a manter uma postura menos etnocêntrica diante da alteridade estética.

Síntese do capítulo

Neste capítulo, estudamos a ainda a nova relação que a antropologia mantém com a arte e sua história. Vimos, por exemplo, que as dificuldades encontradas na intersecção desses dois campos

---

[41] Apud SILVA, Maria Isabel Cardoso. *Cosmologia, perspectivismo e agência social na arte ameríndia: estudo de três casos etnográficos* (dissertação de mestrado).

foram de diversas ordens e criaram visões de mundo pouco convincentes nos livros de história da arte. Entendemos que organização, estruturação e formação da sensibilidade específica de um povo estão presentes em todos os espaços da sua vida, e não somente na esfera da arte. Analisamos o sentido das formas de arte de sociedades de pequena dimensão e compreendemos a relação desta arte com os contextos religiosos em que emergem. Finalmente, estudamos a questão do estilo e seu significado para alguns povos e o resgate que a antropologia tem feito na ampliação do conceito de estilo principalmente ao destacar que ele diferencia da concepção clássica da história da arte que, em último caso, o liga a artistas e movimentos e não como algo criado coletivamente.

Coleções e museus etnográficos: como representar o outro?

Introdução

Você já parou para pensar que as ideias que têm sobre si mesmo e sobre os outros são fruto de imagens construídas que chegaram a você? Essas imagens apreendidas pelas narrativas literárias, pelas novelas nacionais, pela tela do cinema, pelas histórias infantis contadas a nós desde a mais tenra infância formaram e povoam nossos pensamentos, sentimentos e ações. Ou seja, elas nutrem nosso imaginário coletivo. A história da arte, por exemplo, vem apresentando há séculos, seja na pintura, na escultura ou em outras linguagens, nos museus ou em livros de arte, imagens sobre mulheres, índios, africanos, gregos, romanos, egípcios, franceses etc. A compreensão da arte chamada tradicional feita por sociedades de pequena dimensão precisa ser pensada a partir da sua produção bem como pela lente estética e também pelo seu conceito. Como diz Laburthe-Tolra:

> *Todo objeto feito pelo homem ou artefado por ser apreendido num duplo nível: um estético no sentido exato do termo, isto é, segundo o sentimento imediato do prazer, do agrado (ou do desprazer, do desagrado), que dá ao que percebe, e conceitual ou semiológico, isto é, segundo o sentido, o papel, a utilidade que*

o ator ou utilizador (eventualmente um grupo) atribuiu a este objeto.[42]

Além disso, as formas de mostrar o outro, ou seja, de representá-lo, interfere no nosso olhar e na forma como lidamos cotidianamente com imagens que recebemos. É preciso compreender como os museus, uma instituição ocidental por excelência, e os museus etnográficos e suas coleções, vêm promovendo a representação de diversos povos a partir dos chamados objetos etnográficos. É importante também refletir sobre o sentido das coleções e sua importância, como forma de pensamento, para os povos que as detém.

Arte e artefato etnográfico[43]

Foi partir do século XIX que a chamada antropologia evolucionista ganhou terreno com as publicações dos antropólogos evolucionistas Morgan, Taylor, Frazer, entre outros. Eles estabeleceram um importante marco para o pensamento sobre a cultura material, na verdade, sobre o chamado grau de desenvolvimento em que as sociedades não europeias se encontravam.

A invenção da palavra cultura emerge como conceito fundante para o pensamento ocidental, europeu, no século XIX, que passa a classificar os povos do planeta a partir, agora, de critérios objetivos (estuda os indivíduos em contextos sociais, a aquisição da linguagem, as relações de parentesco, a produção das crenças) não mais

---

[42] Op. cit., p. 284.
[43] Segundo Laplantine (2007, p. 25): "A Etnografia é a coleta direta, e a mais duradoura e contínua possível, dos fenômenos que observamos, por uma impregnação duradoura e contínua e um processo que se realiza por aproximações sucessivas. Esses fenômenos podem ser recolhidos tomando-se notas, mas também por gravação sonora, fotográfica ou cinematográfica".

sustentados na busca de uma alma (como foi no século XVI, em que a pergunta diante da alteridade era "o selvagem tem alma?")[44]

A grande contribuição desta antropologia evolucionista do século XIX foi a afirmação da existência de uma família humana. A humanidade, nesta perspectiva, habita diversas partes de mundo e se diferencia entre si não por uma questão de fé ou capacidade cognitiva mas pela produção material, ou melhor, tecnológica e econômica, de suas sociedades. O desenvolvimento material torna-se primordial para se equiparar todos povos, ainda que alguns mesmo fazendo parte da 'família humana', permanecessem numa condição dita 'primitiva'.

Não vai demorar muito, o surgimento de uma pesquisa antropológica para analisar a cultura material dos povos aborígenes, africanos e ameríndios, nomeando-as como 'arte primitiva', já que também eram vistos como povos primitivos. Essa classificação, que será mais um argumento para o imperialismo europeu, fortalece a ideologia eurocêntrica em todas as suas práticas de conquista. A inserção, no campo das artes, desta produção material (chamada arte primitiva) vai emergir nos livros de história da arte com explicações sustentadas na cultura dos grupos pesquisados e na explicação dessa arte primitiva como consequência exclusiva das práticas religiosas.

Posto isso, estabelece-se uma separação entre a arte ocidental e a não ocidental. A cultura ocidental (europeia) é possuidora de uma estética própria (o belo, o sensível), de uma organização lógica e formal específica, fruto de uma criação artística única (originada da mente de um artista com capacidade artística e personalidade individual própria) e exposta em museus. A arte primitiva começa a ser vista e catalogada nas expedições antropológicas do século XX como um artefato etnográfico, ou objeto de povos primitivos e,

---

[44] Cf. Laplantine, 2007.

posterioemente, fazendo parte das mostras etnográficas. Segundo Sally Price:

> *A principal distinção entre os objetos Ocidentais e os Primitivos é que somente os primeiros são apresentados como tendo sido criados por indivíduos identificados nominalmente em momentos específicos de uma história de estilos artísticos, filosofia e comunicação em evolução. Desta forma, o status da arte Ocidental como parte de uma história documentada da civilização (com nomes, datas, revoluções políticas, renascimentos culturais e religiosos e assim por diante) é reconhecido (sinalizado), mesmo que a elaboração de detalhes esteja reservada a outros contextos (catálogos, textos de história da arte, palestras acadêmicas, revistas de arte, etc).*[45]

Inaugura-se um período de permanente classificação deste objeto etnográfico, colhido (quando não retirado à força) *in loco* nas sociedades longínquas e depositados em centros de estudos, vendidos para museus de história natural, etnológicos e comprados por colecionadores de arte.

As aquisições desses artefatos etnográficos, transformados em objetos de arte pelos museus ocidentais (ou excluídos desses museus por não serem arte) ou compondo as coleções dos museus etnográficos, formam o imaginário ocidental sobre os 'povos não civilizados'. Aos poucos, vai-se educando o olhar dos ocidentais, que passam a ver o outro, pela alteridade estética, como portador de uma identidade étnica primitiva, funcional e 'pouco evoluída', ou, como já dito, 'sem cultura'.

Uma vez classificado, catalogado e com as devidas informações de origem, de suas práticas tribais especificadas, caberá elaborar formas de apresentação em exposições e museus para a apreciação

---

[45] *Arte primitiva em centros civilizados*, p. 121.

cultural dos visitantes ávidos pelas imagens dos povos distantes ou estranhos. Fica claro que ocorre uma insistência em diferenciar os artefatos primitivos e a arte primitiva que comporá os museus e as coleções do ocidente. A necessidade de estabelecer essa diferença não contribui para uma compreensão melhor dessa produção, mas reforça a prática de se criar representações da alteridade, da diferença cultural, pelo estereótipos étnicos do grupo estudado.

Museus e representações – o paradigma ocidental

Qual o sentido do museu enquanto instituição ocidental moderna? O que os museus nos mostram? Como os museus organizam, hierarquizam e narram histórias dos povos? O que e como se representa no museu? Qual o papel do museu na construção das identidades nacionais/étnicas? A institucionalização dos museus vai ocorrer concomitantemente com a formação dos Estados nacionais na Europa a partir dos séculos XVIII e XIX, período em que as primeiras coleções particulares tornaram-se públicas e o acesso do público foi liberado, marcando o surgimento dos grandes museus nacionais.

Contudo, sabe-se que a palavra *museu* apareceu na Grécia antiga, em que o *Mouseion* era o templo das nove musas, ligadas a diferentes ramos das artes e das ciências, filhas de Zeus com Mnemosine, divindade da memória. Esses templos não se destinavam, como posteriormente se estabeleceu, a reunir coleções para a apreciação, mas eram locais reservados à contemplação e aos estudos científicos, literários e artísticos. Durante o período do Renascimento surgiram os Gabinetes de Curiosidade que reuniam uma enorme quantidade de espécies variadas, objetos e seres exóticos trazidos de terras distantes.

Atualmente, segundo informação de Anna Lisa Tota, há mais de 35.000 museus no mundo. O paradigma ocidental de criação dessas "casas de memória e de cultura" se articula com a consolidação dos Estados europeus e com a legitimação de uma cultura nacional objetivada na arte que garantiria e daria visibilidade a identidade nacional.

Em outras palavras, consagra-se a memória dos objetos incluídos nos museus referentes à ação do colonizador europeu e das elites político-econômicas locais. Neste sentido, o museu apresenta, ou melhor, reapresenta uma narrativa estética, social e política destacando e/ou omitindo, mas certamente regulando formas de representação do outro e de afirmação colonial. Os museus acabam sendo espaços de consagração, organização, hierarquização e classificação de objetos e coleções.

Nas sociedades contemporâneas, os museus são um lugar para não esquecer, um armazém da memória onde se traçam as identidades étnicas, as classificações históricas e naturais, onde se inscrevem e reescrevem o passado e o presente das nações.[46]

O controle dessa representação do outro, que aparece objetivada nas peças (obras de arte, artefatos culturais, objetos do cotidiano) dos museus de arte ou etnográficos, em grande parte dos museus do mundo ocidental, coloca uma questão importante sobre tanto a legitimidade/autenticidade do que nele é incluído bem como sobre o sentido do que ali se encontra.

A coleta de exemplares de cultura material ameríndia, por exemplo, teve início com a chegada dos europeus à América. As novas informações descobertas disseminaram-se pela Europa tanto visualmente como verbalmente (escrita e falada) quando não os próprios 'indivíduos descobertos' eram recolhidos e expostos em locais de visitação. O objeto escolhido atraía a atenção e eram incorporados às coleções muito mais pelo exotismo e pela raridade da peça do que por questões estéticas.

---

[46] *A sociologia da arte. Do museu tradicional à arte multimídia*, p. 123.

Antropologia e arte

Grande parte dos museus estabelecidos na modernidade organizou exposições mantendo a prática eurocêntrica que codifica e hierarquiza, por intermédio da cultura material exposta, uma alegoria da alteridade, ou seja, uma fantasia do outro, de uma tal forma que o que ali se vê, e se mostra, obedece aos critérios exclusivos da prática eurocêntrica. O congelamento das identidades dos grupos minoritários, dos grupos culturais não ocidentais, vai organizando um modo de ver o outro sempre da mesma forma como se no passado e no presente eles permanecessem daquela forma e dela não pudessem fugir. Robert Sthan, ao fazer a crítica à imagem eurocêntrica, analisando a problemática da representação no cinema, afirma:

As representações se tornam alegóricas: no discurso hegemônico todo papel subalterno é visto como uma sinédoque que resume uma comunidade vasta, mas homogênea. Por outro lado, as representações dos grupos dominantes não são vistas como alegóricas, mas como "naturalmente" diversas, exemplos de uma variedade que não pode ser generalizada. Esses grupos não precisam se preocupar com 'distorções e estereótipos', pois mesmo imagens ocasionalmente negativas fazem parte de um amplo repertório de representações.[47]

O que está em jogo, nesta lógica de representação da cultura material dos outros povos, a partir de uma constante atualização dos estereótipos que as mostras etnográficas propõem, é o fato de que grupos historicamente marginalizados acabam por não ter controle sobre sua própria representação. Essa ausência de controle impõe aos representados – ameríndios, africanos, aborígenes, por exemplo – uma representação de um passado tribal congelado no tempo, reificando sua cultura independente da forma que eles

---

[47] *Crítica da imagem eurocêntrica*, p. 269.

hoje se apresentam. Ou seja, mostra-se uma estereotipada arte primitiva sempre estabelecida em função de contextos ritualísticos e religiosos e nada mais.

Price (2000) diz que a apreciação da chamada arte primitiva tem sido, repetidamente, apresentada numa lógica duplamente falsa. Uma delas é deixar que o objeto etnográfico seja percebido pelo olho treinado em descobrir um conceito de beleza universal, tal qual a educação ocidental tem ensinado sobre a arte clássica, a partir dos gregos. A outra estratégia é nos inserir nos contextos tribais do artefato para descobrir a função utilitária ou mesmo ritual desses objetos. Num caso, busca-se e avalia-se uma beleza universal clássica como se fosse possível encontrar. No outro, apresenta-se o artefato dentro de um contexto antropológico como se fosse possível repetir a mesma situação da aldeia no museu.

Para a autora, esses dois caminhos de representação do outro são incompatíveis no contexto da exibição em museus, já que classifica a cultura material para o visitante entre a 'beleza' e a 'antropologia' do seu material. E por que isso ocorre deste jeito? A forma de representação desta alteridade estética fundamenta-se numa tentativa de controle da interpretação das obras produzidas pelos povos não ocidentais sem um diálogo com o modo de onde emergiu o sentido cultural ou mesmo o poder simbólico e/ou indicial dessas imagens etnográficas.

Quando visitamos um museu, observamos uma disposição das obras, uma curadoria, que facilita o reconhecimento de tudo que consta ali como parte de uma identidade tribal informada nas etiquetas explicativas, na grande maioria dos casos. O outro da obra, seu criador, aparece como portador deste congelamento representacional étnico. Isso também se confirma pelo próprio acervo dos museus – tradicionais ou etnográficos – que selecionam para suas coleções um corpus material que melhor confirmem essa visão de mundo, priorizando a identidade étnica do outro.

Coleções e exposições etnográficas

O ato de colecionar é um ato político que, por intermédio de uma coleção, seleciona, organiza e, possivelmente, expõe as produções da cultura de um grupo e a forma pela qual este grupo será conhecido, ou melhor, representado. Também compreende-se uma sociedade analisando os objetos que são guardados, que são colecionados, pois toda escolha implica uma visão de mundo que se quer mostrar sobre o outro e sobre si mesmo. Um bom exemplo dessa dupla visão, diz respeito, ainda no século XVI, à forma como os ameríndios eram representados nas crônicas dos viajantes europeus. Segundo Andréa Dias Vial:

A coleta de exemplares de cultura material ameríndia teve início com a chegada dos europeus ao Novo Mundo. A difusão das informações sobre as descobertas de então se deu por meio das crônicas orais e escritas, de gravuras, de desenhos e pelos próprios exemplares. Atraíam a atenção e eram incorporados às coleções muito mais pelo exotismo e pela raridade dos materiais do que por questões estéticas.[48]

Não raras foram as fabulações dos europeus sobre os selvagens ameríndios que se comportavam, vestiam-se, alimentavam-se de modo 'estranho' e ainda falavam uma língua que ninguém entendia. Todas essas impressões desses viajantes foram incorporadas ao imaginário europeu da época, seja através das crônicas de viagens, seja por um conjunto de artefatos levados à Europa como prova do exotismo ameríndio.

Recentemente, a crítica especializada tem questionado o papel dos museus etnográficos e os nacionais que ainda têm legitimado um discurso colonialista e pouco se avança na compreensão dos

---

[48] *O colecionismo no período entre guerras: a contribuição da Sociedade de Etnografia e Folclore para a formação de coleções etnográficas*, p. 18.

povos pela sua cultura material. A coleções etnográficas ainda apresentam e trabalham com a lógica da representação de um passado divorciado das situações da vida dos povos, tendo em vista que separados dos seus contextos de produção esta cultura material representaria um tempo estático que busca reproduzir tal qual era no momento em que se adquiriu o objeto. Em muitos casos, nas coleções de museus etnográficos, encontramos uma tendência pelo colecionamento de objetos mais tradicionais, que mais significam, 'etiquetam' um determinado grupo, descartando tudo que se assemelha ao moderno ou que tenha sofrido interferência de outra cultura, como a ocidental.

Assim, há uma preferência contraditória em representar o outro, a alteridade, num passado congelado, mítico, essencialista, que não condiz com o dinamismo da cultura. A própria escolha de um e não de outro artefato, presentes nas coleções museológicas, implica um modo de olhar para o mundo que o museu busca apresentar juntamente com um conjunto de informações textuais capazes de esclarecer, com uma verdade objetiva e imparcial (que sabemos não existir), a origem exata do objeto na cultura, visto agora como obra sem que, em muitos casos, possibilite uma experiência sensorial com a arte. Para Sally Price:

> *A tarefa/prazer do visitante do museu, tanto para objetos Primitivos quanto para os objetos Ocidentais, é concebida, em primeiro lugar e antes de mais nada, como uma experiência sensório-emocional, e não de cunho cognitivo-educacional.*[49]

Em outras palavras, o fato é que esses objetos produzidos em outras situações culturais, ao serem importados para os museus e coleções etnográficas, têm seu estatuto cultural alterado. Primeiro, porque não tendo sido produzido para o uso que o museu fará dele,

---

[49] Op. cit., p.21.

sempre se diferenciará dos demais objetos que o circundam como também se descolará da significação que possui quando integrado ao grupo que o criou. Alterando sua situação de origem altera-se inevitavelmente seu sentido como artefato cultural ou como arte. Segundo, porque ao ser apresentado muitas vezes escapa ao museu a sua condição indicial, seu poder de agir no corpo, na mente e nas práticas cultuais a que estava submetido, integrado, sendo com isso destacado daquele contexto e reapresentado como um símbolo de um mundo tribal distante. Finalmente, compondo uma coleção etnográfica, se assemelhará visualmente, simbolicamente e funcionalmente, aos demais objetos ali familiarizados e interpretados pelo etnógrafo-antropólogo e não como parte singular ressemantizada pelo museu.

James Clifford (2011) defende a necessidade de se compreender a etnografia como resultado de uma interpretação negociada que envolve sempre dois sujeitos conscientes e politicamente significativos, e não um único sujeito autônomo detentor de um saber verdadeiro e total sobre o outro. A prática etnográfica não é neutra, pelo contrário, ela exerce ideologicamente o controle oficial do que é/deve ser o outro. Compreender isso fortalece a escrita etnográfica não permitindo que ela seja vista como uma verdade maior sobre as outras culturas.

A partir destes apontamentos, é importante frisar que as coleções devem ser compreendidas como uma categoria do pensamento e não somente como uma prática etnográfica autônoma fruto de um saber antropológico que não questiona o próprio ato de colecionar. Percebendo tal problemática, atualiza-se os sentidos da alteridade e permite pôr em dúvida a própria seleção, explicação e exposição dos artefatos etnográficos e/ou das obras de arte primitiva. Price salienta que a experiência de um visitante de um museu é predominantemente sensorial e posteriormente cognitiva. Esta experiência é fundamental para se formar na mente do visitante a visão que ele terá deste outro representado numa mostra.

As coleções museológicas e sua exposição em mostras etnográficas criam, quando assim fazem, representações equivocadas sobre o outro. Há para isso opções que devem ser tomadas para não se essencializar ou reforçar o caráter identificador dos grupos étnicos. Uma dessas opções é apresentar o objeto, sim, no seu contexto antropológico, mas não dispensando o entorno em que ele foi retirado, com os demais artefatos do cotidiano do grupo e/ou apresentar, com as devidas informações geográficas da peça, o objeto inserindo-o juntamente com outras obras de arte que são aceitas com base no seu puro mérito estético.[50]

A visão que os ocidentais promoveram sobre os povos não ocidentais formou nosso imaginário sobre os grupos não europeus, contribuindo para a fundamentar um saber muitas vezes equivocado sobre a alteridade, desconsiderando a possibilidade de uma prática artística além do Ocidente. Resolver essa complexa trama de representações contribuirá para manter atual o motor da própria cultura e desconstruir os estereótipos sobre o outro há séculos realizado.

Síntese do capítulo

Neste capítulo, estudamos que representar o outro é um ato político, pois a representação, seja no cinema, na TV, na arte ou, no caso específico, nos museus e nas coleções etnográficas, cria uma forma de dizer como o outro é e como ele deve ser visto por todos. Na maioria das vezes, isso ocorre sem que este outro seja consultado sobre essa prática e mesmo saiba que isso esteja ocorrendo. Os museus e as coleções ocidentais etnográficas da chamada arte primitiva dos africanos e ameríndios têm insistido nessas práticas e muitas vezes também inovam em outras reflexões. No entanto, a representação pode se tornar etnocêntrica quando se classifica

---

[50] Veja-se PRICE, Sally, op. cit.

esses grupos como portadores de uma identidade cultural estética e estática desconsiderando o dinamismo da cultura. Também dissemos que, ao representar, nas exposições de arte, um grupo como portador de uma identidade tribal destacando apenas o contexto antropológico como definidor desta produção, muitas vezes isolada dos outros objetos de origem, reforça-se ainda a ideia de que esses grupos não possuem capacidade tanto de apreciar esteticamente sua própria obra, já que é o contexto que determinaria a função da obra e não uma preocupação plástica. Finalmente, foi posto em questão o sentido das coleções etnográficas como repertório visual de uma vontade anterior colonizadora do colecionador e do museu etnográfico. Ao final, apresentamos duas possibilidades de se pensar de modo distinto a alteridade estética, seja destacando o contexto antropológico (de produção de sentido) da obra sempre inserida juntamente com outras peças de seu cotidiano, seja apresentando-a essa arte primitiva juntamente com outras obras de arte ocidentais. É justo dizer que o fato de um indígena usar signos de outras culturas não o torna menos indígena. Essa é uma das últimas fronteiras a ser ultrapassada quando se pensa, representa e expõe esteticamente o outro.

7
Arte e cultura ameríndia

Introdução

As artes dos povos ameríndios dificilmente seriam compreendidas fora dos contextos de produção de que emergem. Isso porque não existe entre esses povos uma separação entre o puramente plástico e a cultura. As pinturas corporais, a cerâmica, a cestaria, a arte plumária, tudo mais, surgem como consequência integradora do fazer cotidiano do grupo.

Para conhecer a arte e cultura ameríndia é necessário que se compreenda o todo e os detalhes da cultura de cada grupo especificamente nas suas relações criadas, estruturadas e organizadas no cotidiano e coletivamente. Tanto a dimensão do fazer diário quanto a força do grupo sobre os processos de criação especificam um lugar diferente do ocidental para a cultura ameríndia.

Um ponto específico para analisar essas questões é o estudo do corpo e o que nele se inscreve. A percepção dos ameríndios em relação ao humano não se assemelha à dos ocidentais, guardando uma peculiaridade própria para a cultura. Associado à prática de pinturas corporais, é fundamental olhar para este corpo como um lugar em que se veem imagens que agem de forma intensa sobre a vida e sobre a cultura ameríndia. O estudo da corporalidade ameríndia e seu objetos e artefatos fazem parte dos assuntos tratados neste capítulo.

As artes ameríndias: sentidos e conceitos

É um grave problema tentar compreender a arte ameríndia a partir de critérios da arte ocidental. Isso porque os ameríndios brasileiros não partilham da mesma noção de arte dos ocidentais. Como, então, é possível pensar a arte ameríndia? Qual o sentido dessa produção? Por que o que se entende por arte ocidental não pode ser aplicado para compreensão da arte desses povos? E mesmo como não cair na armadilha denunciada pelo antropólogo britânico Alfred Gell, quando evidenciou que o grande problema do programa de uma "estética indígena" seria o risco de se reificar a compreensão estética ameríndia não a compreendendo no contexto de suas manifestações culturais.

Usaremos a classificação "arte ameríndia" por uma questão de sistematização, pois o sentido dos objetos, dos artefatos culturais, das linguagens difere bastante da classificação estética do Ocidente. Além disso, já é ideia constante na antropologia contemporânea o emprego deste termo. Também torna-se difícil generalizar as "artes ameríndias" em um único conceito, sendo dezenas de grupos diferentes, com materializações culturais, práticas sociais e valores distintos.

A compreensão da arte dos povos ameríndios brasileiros deve partir das referências culturais que dão sentido à sua plástica. Isso porque o que chamamos de arte ameríndia não foi produzido para uma espécie de contemplação divorciada dos usos e sentidos cotidianos da comunidade, como já dissemos em outras partes deste livro. Se entendemos cultura como um código simbólico compartilhado e aprendido pelos membros de um grupo em permanente atribuição de significados ao mundo, notamos que ela modela toda a experiência humana, mediando um mundo de relações criadas dos humanos entre si e deles próprios com a natureza.

Dois aspectos relevantes precisam ser destacados. O primeiro é que a cultura ameríndia deve ser vista como um todo integrado de todas as esferas da vida. A complexidade, a conexão e o forte sentido de interdependência das várias dimensões do cotidiano (religião, arte, alimentação, vida sexual etc.) selam o viver de um ameríndio ao grupo e dotam-no de uma capacidade reflexiva, um senso ético que o orienta em todas as suas ações.

Neste sentido, a arte está presente em todas as partes da vida indígena. Tudo se organiza de tal modo a se integrar ao cotidiano do grupo. A cultivada "fruição estética" na arte do Ocidente parece estranha, ou deslocada, para os povos ameríndios. Isso porque esta atitude de contemplar uma obra que pertence à esfera da arte é vista, entre nós, dentro dos limites artísticos. Os povos indígenas desconhecem a separação entre artefato e arte, entre aqueles objetos para serem usados no dia a dia e aqueles que possuem uma estética própria para apreciação. Lévi-Strauss informa que não acredita que entre esses povos a arte ocorra como um fenômeno completamente separado como ele costuma ser em nossa sociedade. Nesta sociedade tudo tende a se separar: a ciência se desliga da religião, a religião se desliga da história, e a arte se desliga de todo o resto. Nas sociedades estudadas pelos etnólogos, evidentemente, tudo isso se encontra unificado.[51]

A ideia compartimentada da vida social é algo estranho a muitas sociedades ao redor do mundo. Em praticamente todas as tribos ameríndias estudadas pelos antropólogos há uma completa unidade de sentido entre as práticas mais corriqueiras do cotidiano, que vão desde à disposição do espaço físico da aldeia ao uso dos objetos no cotidiano e aos utensílios de provimento da subsistência, às práticas ritualísticas, às atividades de descanso etc. Contudo, o fato de não possuírem um campo separado para criação e fruição estética não quer dizer que não percebam ou avaliem plasticamente as criações artísticas, ainda que essas atitudes sejam diferentes

---

[51] *Antropologia estrutural*, p.24.

do que conhecemos e que essas criações sejam produzidas no âmbito de toda a cultura. A própria palavra *arte* é praticamente desconhecida nas línguas ameríndias tal qual a compreendemos. De acordo com Berta Ribeiro, "nas línguas tupi, a palavra kwatsiat (em kayabí), kwatsiarapat (em asuriní), kwanchiana (em tapirapé) significa desenho, pintura, tendo sido estendida."[52] A produção de uma multiplicidade de objetos, de imagens nos mais variados suportes, de inúmeras narrativas míticas, de um vasto repertório musical, de uma criativa arte plumária, de uma variada gestualidade, por exemplo, confirmam a percepção de uma estética ameríndia bem organizada e difundida.

Um segundo ponto de capital importância para a cultura ameríndia é o sentimento coletivo de pertencimento ao grupo. A valorização do coletivo sobre o indivíduo é marcante nas suas produções, reorganizando tudo que se pensa, se faz, se cria a partir de um sentido grupal. No entanto, o pensamento ocidental associa tal força do coletivo sobre o indivíduo como coerção, já que para a arte ocidental a figura do artista como gênio é uma criação praticamente oriunda de um talento natural, quando não espiritual, vendo a criatividade como fruto exterior à vida social. Diferentemente, toda a prática cultural ameríndia nasce a partir do coletivo. É ele que orienta, sustenta e fornece suporte permanente para tudo o que se constrói. Não existe a figura de um mestre hierarquicamente superior que ordena, cria, julga as escolhas estéticas a serem adotadas pelo grupo. De acordo com Pierre Clastres,[53] "se existe alguma coisa completamente estranha a um índio, é a ideia de dar uma ordem ou ter de obedecer, exceto em situações muito especiais ou de ter de obedecer em uma expedição guerreira."

Esses dois fatores se contrapoem àquela atitude contemplativa que os ocidentais apresentam quando frequentam "a arte".

---

[52] *Arte indígena, linguagem visual*, p. 15.
[53] *A sociedade contra o Estado*, p. 30.

A complexidade totalizadora do cotidiano e a força da vida coletiva sobre a subjetividade impõem uma dinâmica própria ao indivíduo-grupo que busca uma apreciação sempre atrelada à percepção do mundo como um campo de relações onde humanos e tudo que não é humano se completam e mantém entre si uma forte dependência.

A corporalidade ameríndia

É recente a pesquisa antropológica interessada em aproximar, ou melhor, relacionar as produções estéticas dos ameríndios com os aspectos de suas cosmologias. Durante bastante tempo destacou-se as características das formas plásticas dos objetos tais como cestarias, vasos de cerâmica, pinturas corporais etc. Apesar da compreensão desta arte estar ligada à cultura, via-se esta mesma criação como um reflexo quase automático do cotidiano em que os povos indígenas estavam mergulhados.

Segundo Barcelos Neto, é importante pensar as artes ameríndias como uma forma, um meio de administrar as relações entre humanos e não-humanos, em suas palavras, "as relações de predação/"domesticação". Esta administração passa necessariamente pelo reconhecimento, pelo uso, pela apropriação da corporalidade como meio singular de visualidade. O corpo é visto neste sentido como a entrada na esfera da cultura, ou seja, uma transformação do biológico em cultural. Para Els Lagrou:

> *Um dos aspectos principais da concepção ameríndia sobre a corporalidade é que concebe o corpo como fabricado pelos pais e pela comunidade e não como uma entidades biológica que cresce automaticamente seguindo uma forma predefinida pela herança genética, ganha deste modo um relevo todo especial.*[54]

---

[54] *Arte indígena no Brasil: agência e relação*, p. 39.

Antropologia e arte

Por essa razão, o corpo humano é o lugar perfeito para a confecção de padrões pictóricos, adereços e vestimentas, num processo de constituição que interliga o ato de criar com o sentimento que anima a criação, agenciando toda esta produção. Além disso, esse uso confere ao indivíduo a possibilidade de sair de sua condição de natural para outra condição, que é a de fazer parte de um grupo com identidade humana específica, agindo dentro dos limites regulados pela cultura coletiva, como apresentamos anteriormente.

Lagrou (2009, p.44), na pesquisa que realizou sobre a cultura kaxinawa, revela que na concepção deste povo:

> (...) *cada parte do corpo de uma criança foi fabricada a partir de uma técnica diferente, Durante a gestação, o pai talha o feto por meio de uma sequência de relações sexuais no útero da mãe que cozinha as substâncias, o sêmen e o sangue na forma de um tunku, bola de sangue coagulado que lentamente ganha a forma humana.*[55]

O corpo e tudo o que nele se inscreve é o lugar inaugural da vida cultural. É por onde o indivíduo se torna pessoa, socializando-se como membro de um grupo. A pintura corporal é um bom espaço para a realização da cultura, pois é vista como um trabalho que modela a 'segunda pele'.

A pintura corporal, neste nível geral de significado, corresponde realmente à imposição de uma segunda pele social, sobreposta à pele biologicamente desnudada do indivíduo. Esta segunda pele de padrões culturalmente estandardizados simbolicamente, a 'socialização' do corpo humano – a subordinação dos aspectos físicos da existência individual ao comportamento e valores sociais comuns.[56]

---

[55] Idem, ibidem, p.44.
[56] TURNER, apud RIBEIRO in: *Arte indígena, linguagem visual*, p.82.

A mitologia kaxinawa confere ao corpo e à pele uma importância central para a vida do grupo, indicando que, ao serem trabalhados, comunicam a sua corporalidade aos demais seres, revelando estados de saúde, estruturando conhecimento e registrando a memória do povo. Com uma visão cosmológica peculiar, os povos indígenas articulam, por intermédio da arte e pela transformação à qual o corpo é submetido um conjunto de relações entre diversos membros do grupo, e também um processo de regulação da vida com os demais animais com os quais convivem.

Para Viveiros de Castro, à luz do perspectivismo, os humanos são os animais dos animais, o eu é o outro do outro. O perspectivismo ameríndio, segundo este autor, "trata-se de uma concepção, segundo a qual o mundo é habitado por diferentes espécies de sujeitos ou pessoas, humanas ou não, que o apreendem segundo pontos de vista distintos".[57] Esta concepção assegura que a forma manifesta de cada espécie é uma "roupa" que esconde outra forma interna humana, visível apenas aos olhos da própria espécie. Ao manter um intercâmbio entre os mundos, a arte ameríndia se presentifica materialmente na pele, no corpo, como mediador destas relações.

O corpo é o próprio lugar que esconde a humanidade por trás de cada um. A visão integral que o ameríndio possui da realidade o impede de ver separadas as diversas instâncias que dão sentido à vida. A arte torna-se então um espaço permanente de manutenção desta ordem cosmológica estabelecendo pelo corpo uma constância de significados que agem sobre toda a comunidade.

A arte é muito menos um espaço que é para ser visto, com imagens providas de beleza autônoma, nesta perspectiva, que um lugar para se ver, com imagens que selam e agem na dimensão total da cultura. O corpo apresenta-se assim como um meio para se ativar este poder de agência das imagens ali produzidas.

---

[57] *A inconstância da alma selvagem e outros ensaios de antropologia*, p. 347.

Os objetos e artefatos ameríndios

Uma questão central para este estudo sobre arte ameríndia é a imensa diferença entre esta produção e a arte ocidental. Inúmeros trabalhos já têm apontado para a inexistente distinção entre arte e artefato, entre aqueles produzidos para serem usados e outros para serem apenas contemplados. É impossível pensar o estético como um domínio de reflexão e de ação separado de outros domínios. A pintura corporal e a pintura em objetos artefatuais exemplificam esta junção quando o corpo é visto como um artefato a ser 'decorado' e o artefatos como um objeto dotado de um corpo não humano.

Os wayana, povo xinguano, fabricam corpos humanos, seus filhos, e outros corpos, seus objetos.[58] Culturalmente, para este grupo, os objetos fabricados não constituem seres vivos, mas também não são seres propriamente inanimados. Conforme Lagrou:

Na decoração do corpo são utilizadas as mesmas técnicas que as usadas para decorar os artefatos. A pintura é uma técnica empregada por homens e mulheres e se define basicamente pela ausência de relevo, o resultado de sua aplicação podendo ter aspecto uniforme ou conformar padrões iconográficos ou listrados pelo contraste cromático, que tanto pode ser simultâneo, de cores apostas lado a lado, como tonal, de gradações de uma mesma cor. Com pintura os homens decoram as rodas de teto, as flechas, o arumã a ser trabalhado na cestaria, os bancos e bordunas cerimoniais, os saiotes para máscaras. As mulheres a aplicam no corpo humano, na cerâmica e em utensílios de cabaça.[59]

---

[58] Cf. SILVA, Maria Isabel Cardoso. *Cosmologia, perspectivismo e agência social na arte ameríndia: estudo de três casos etnográficos.*
[59] Lagrou, 2009, p. 41.

O estudo sobre a produção material é uma importante estratégia para se desvendar as questões relativas à vida cotidiana, ritual e artística, perpassando todas as dimensões da vida social. Os objetos participam de um ciclo vital e, de certa forma, nascem, tornam-se jovens, quando desenvolvem atividades e, por fim, adoecem e morrem.

Os artefatos têm um tempo e um ritmo de vida igual ao de uma pessoa, com direito de descanso nas vigas das casas durante a vida, e com a morte anunciada quando perdem a sua funcionalidade e razão de ser, e quando são abandonados no chão para apodrecer[60].

A compreensão dos artefatos a partir dos tópicos acima deve ser sistematizada na ideia apresentada anteriormente segundo a qual não existe entre os povos ameríndios o hábito de criar objetos para exposição e contemplação. Ou seja, divorciada do uso, os objetos não seriam nunca produzidos. Pode-se dizer que praticamente todos os povos ameríndios não possuem a prática de guardar peças, máscaras, adornos de palha e pena, depois de usá-los nos rituais, já que fora do contexto da cena ritualística esses objetos perdem sua eficácia e representam um perigo, precisando morrer e serem destruídos.

Finalmente, pode-se afirmar que a natureza do objeto de arte é sua função relacional que provoca e estimula uma força de interação, sendo os objetos equivalentes a pessoas ou a agentes sociais e providos de personalidade. Esta afirmação defendida por pesquisadores citados acima vem confirmar outra compreensão da cultura material dos povos ameríndios, da sua arte, diretamente associada a uma fabricação que conecta a outro mundo, agenciando diversas ações, percepções, conhecimento e avaliação.

Tanto os objetos do cotidiano quanto os artefatos rituais estabelecem outros espaços e temporalidades, agenciam novas formas de atuação cultural e acionam a ordenação da cosmologia ameríndia.

---

[60] Idem, p. 47-48.

Com essas afirmações nos distanciamos da preocupação de Alfred Gell, que enxergava no estudo da arte ameríndia o risco de reificação da cultura, uma vez que não temos uma resposta pronta, geral e acabada sobre esta arte. O estudo da arte ameríndia pela antropologia é sempre permanente e requer atenção renovada às práticas culturais desses povos, não podendo assumir uma explicação que venha a reduzir o sentido da cultura indígena a noções simplificadoras e generalizantes.

Síntese do capítulo

Neste capítulo, apresentamos alguns temas fundamentais para se pensar a arte indígena como, por exemplo, a questão da integração de todos os campos da vida cultural ameríndia e a importância do coletivo nas determinações humanas. Também vimos que a arte desses povos precisa ser compreendida como lugar de ativação da memória e de conhecimento. Ainda analisamos alguns sentidos dos objetos produzidos pelos povos xinguanos Kaxinawa e Wayana e mostramos como esses objetos se apresentam como extensões do corpo. Lembramos que não é possível compreender as artes ameríndias na perspectiva pura do encadeamento das formas, mas como uma organização do conhecimento em que as produções de imagens mais se colocam como um modo de ver do que uma proposta para ser vista e apreciada. Com isso, ficou claro que a compreensão da arte é dada a partir da cultura em permanente movimento de integração entre as várias esferas da vida.

Antropologia e arte africana

Introdução

O que significa a arte na África? Esta tem sido uma pergunta bastante recorrente nos estudos antropológicos e mesmo da história da arte recente. Diversos autores têm apresentado importantes análises sobre a chamada arte africana, ou arte primitiva ou arte tradicional africana, que veremos neste capítulo.

Não raras vezes, pensamos sobre a arte negra, como constantemente é chamada, com as referências que temos da arte ocidental. Também pensamos a arte africana sempre ligada a manifestações religiosas objetivadas nas máscaras e esculturas. A própria pergunta "o que é a arte africana?" parece buscar a uma singularidade, uma identidade, uma uniformização impossível de se resumir, reunir e representar.

Torna-se equivocado e apressado sintetizar, identificar e definir a arte africana. A pluralidade cultural de um continente com mais de 50 países, falando centenas de línguas, professando várias religiões diferentes, com milhares de grupos distintos, com estados nacionais que ainda sofrem as mazelas da colonização europeia, com níveis de pobreza e riqueza paradoxais, entre outras particularidades e paradoxos, comprova isso.

Contudo, optamos por refletir sobre a chamada arte africana em vez de arte na África, que seria mais apropriada. Essa constatação debruça-se mais sobre a necessidade de compreender a pouco estudada, entre nós, arte africana tradicional, notadamente a escultura, do que apresentar uma leitura da arte contemporânea na África, tão magnífica e bela quanto tantas outras ao redor do mundo. Ao optar pela arte tradicional africana, sintonizamos este trabalho com a fundamentação da antropologia para partirmos de um farto material já existente revendo autores, refletindo sobre os discursos colonizadores e nos aproximando de novas possibilidades de conhecimento do que é produzido em África e seus significados.

África e Ocidente: arte, história e cultura

A arte africana é o conjunto das formas de arte que surgiram na África e que diferem de formas de arte surgidas em outras regiões do planeta. Porém, a resposta sobre o que é a arte africana não é simples. A complicação que a pergunta oferece funda-se, entretanto, nos próprios contornos da arte ocidental e nas suas explicações didáticas conforme aparecem nos livros de história da arte. Dessa forma, entre nós, a arte ocidental ensinada é ainda aquela que se apresenta linearmente numa escala evolutiva, que se inicia com o estudo do Paleolítico-Neolítico, da Arte Egípcia (que faz parte da África), da arte greco-romana, passando pela cristã da Idade Média e se reinventando com o Renascimento e Barroco, na sequência dos "ismos" da arte (Neoclassicismo, Romantismo, Realismo, Impressionismo, Modernismo).

Na mesma esteira, a grande preocupação ocidental com os fundamentos e práticas da arte veio com a instauração de uma moral do belo, na Grécia clássica, e, posteriormente, com uma estética do sublime, pontuada por Kant e Hegel. Além disso, o ensino da arte e as leituras formais da plástica pictórica e escultórica, as biografias dos artistas e gênios da arte, os manuais ilustrados dos museus, e ainda a afirmação do 'dogma verdadeiro' da estética do Ocidente, "arte pela arte", tudo isso iluminou a sabedoria dos conhecedores de uma arte há muito vista distante da antropologia.

A essas características apontadas se aliaram as informações iniciais, originárias ainda no século XIX, sobre a arte africana,[61] levantadas nas primeiras expedições etnográficas juntamente com as missões colonizadoras naquele continente, que retiraram de lá os objetos, artefatos culturais, do cotidiano africano. As primeiras peças dessa chamada arte primitiva negra vieram do Benin, por volta de 1897, e representam súditos guerreiros, comemoram fatos e batalhas importantes, algumas pequenas máscaras e placas usadas na cintura como insígnias de dignidade, joias etc. A visão etnocêntrica europeia ofereceu as primeiras interpretações desses artefatos bem distantes do que se produzia e se admirava como 'grande arte' na Europa oitocentista.

Sem dúvida, esse precioso material, além de tantos outros extraídos da África colonizada, como máscaras e esculturas, deve ter servido de fonte de inspiração formal de Picasso, em sua famosa tela *Les Demoiselles D'Avignon* (1907), como muito se divulga ainda hoje, e que o artista, na sua fina ironia, respondeu quando questionado: "Arte negra? Não conheço!".[62]

---

[61] Neste estudo, chamamos de arte africana tradicional aquela produção plástica, geralmente escultórica (máscaras e estátuas) originada em contextos tribais com finalidades não especificamente voltadas à apreciação isolada. A dimensão religiosa, aliada a tantos outros determinantes, dota de sentido tudo o que é produzido pelo grupo. Esta "arte africana tradicional", também é importante destacar, não nasce com esta nomenclatura; apenas a recebe, principalmente no Ocidente, para fins de estudo e compreensão, ou mesmo catalogação museológica. Além disso, vale lembrar que muitas tribos que produzem essa arte não se mantêm mais isoladas dos processos de modernização já em curso na África há bastante tempo, como muitos ainda acreditam. Contudo, a opção teórica por esta produção e nomenclatura ajuda-nos a sistematizar novas formas de compreender a alteridade estética africana distante de versões etnocêntricas e estereotipadas tão caras para esta obra.

[62] Veja-se CLIFFORD, James. *A experiência etnográfica*, p. 155.

Antropologia e arte

Les Demoiselles D'Avignon (Picasso)

A descoberta e o estudo mais detalhado de uma arte na África começaram a surgir no início do século XX. Carl Einstein será um dos primeiros a se deter ativamente na tentativa de compreender a arte negra, oriunda de contextos tradicionais, fora de uma leitura antropológica. No livro *Negerplastik*, de 1915, o autor apresenta sua proposta:

Analisando artefatos provenientes da África como obras de arte (estulturas, máscaras, tatuagem), os relacionando às tradições socioculturais das quais provêm e ao devir da arte em sentido universal, são discutidas questões referentes à percepção e criação artística, forma e espaço, corpo e sociedade, bem como à história, crítica e teoria da arte.[63]

Contudo, nem sempre se viu um estudo que pudesse analisar a arte na África além de um objeto científico-antropológico como quer Einstein. Sempre pensada numa relação mágico-religiosa como constituinte de uma essência africana, folclorizada numa identidade étnica que fundamentaria a estética africana, essa arte dificilmente foi pensada como conhecimento, como forma plástica inserida em situações plurais, como parte do todo cultural africano.

Ainda que imersa num contexto de práticas culturais, rituais religiosos, articulando-se com uma multiplicidade de propósitos, a arte na África, tradicional ou contemporânea, pode e deve ser pensada numa extensão de saberes e formas que interliga a cultura, a política, a sociedade com a própria arte.

Arte na África: reflexões antropológicas

Uma das questões que muito dificultou a compreensão da arte na África foi aquela inicial afirmação de seu primitivismo. Ainda no século XIX, o estatuto da arte primitiva foi levantado como dogma de sua originalidade. Todos os objetos trazidos da África para a Europa neste período serviram, como diz Laplantine, tanto de comparação com o estágio de desenvolvimento da arte e cultura ocidental quanto para reforçar e exemplificar o caráter não civilizado dos povos não europeus. Isto porque os primeiros passos da antropologia neste século mostraram uma preocupação em investigar três frentes: as populações mais "arcaicas", o estudo

---

[63] *Negerplastik*, p.29.

do parentesco e o estudo da religião. Toda a análise dos artefatos culturais e da arte primitiva, então, foram mobilizados para comprovar e ilustrar essas frentes de pesquisa e também para mostrar um estado original, ainda não tocado pela civilização, possuidor de uma identidade particular. O suposto atraso das sociedades de pequena dimensão, como as diversas tribos e etnias africanas, estava refletido, para este pensamento, na arte primitiva, que era guiada pelos mais íntimos impulsos fundamentais, básicos e essenciais da vida, e mesmo infantis, de que o *homem civilizado* estava livre devido a seu comportamento apreendido. Segundo Price:

> *A perspectiva da Arte Primitiva como uma espécie de expressão criativa que flui irreprimida do inconsciente do artista é responsável por comparações entre Arte Primitiva e desenhos infantis, e sua base racista é bastante transparente.* [64]

Se, por um lado, a aparição da arte africana emergiu no seio da antropologia designada como arte primitiva e caracterizada por uma suposta infantilidade da sua forma, como os estudos apressadamente afirmaram, por outro, a ausência de uma definição de arte comum às diversas sociedades também contribuiu para não se compreender a arte na África.

Um antigo debate na arte europeia sobre a função da forma artística acabou por fundamentar a reflexão sobre arte africana, que passou a ser vista somente como expressão de um sentido religioso ou de uma funcionalidade cotidiana. O chamado artefato africano é apresentado, a partir desta época, como portador de uma utilidade cotidiana e religiosa, já que, para os europeus, os africanos não avaliavam a beleza em si. A questão da utilidade da arte, de sua submissão à funcionalidade religiosa, tornou-se um fator determinante de seu rebaixamento formal para a história da arte. A

---

[64] Op. cit., p. 57.

compreensão do que vem a ser arte, neste momento, vai aos poucos se constituindo num duplo sentido. Por um lado, a associação da arte primitiva ao um contexto antropológico, obedecendo, como disseram, a uma vontade atávica ou expressão inconsciente, ou seja, não racional, e por outro lado a afirmação da arte europeia como fruto de um esforço consciente, da vontade racional de um artista. Ambos explicam definições, contradições e limitações deste debate. Contudo, para Ola Balogun:

> *Por consequência, o empreendimento artístico não se situa apenas ao nível das atividades humanas ligadas aos valores espirituais, pois ele constitui também um fator ativo de organização social e, portanto, um dos que permintem que o homem possa agir sobre seu próprio meio.*[65]

Criar padrões de diferenciação artísticos pautados por critérios arbitrários, como o de funcionalidade da arte ou o de sumissão às práticas religiosas, atende mais a interesses econômicos e ideológicos do que propriamente ao conhecimento artístico. Uma reflexão sobre arte não deve ter como objetivo revelar a essência unificadora de uma arte, seja ela africana ou europeia, ou mesmo estabelecer um critério definidor da criação artística. Sendo a arte uma forma de conhecer a realidade, inúmeros povos apresentam respostas distintas sobre o que se conhece como arte em linguagens e formas próprias.

Assim, além da questão do primitivismo da arte da África e da sua submissão ao contexto antropológico, ainda temos um terceiro fator que merece estudo, o da concepção da autenticidade da obra. O autêntico contudo não é um critério próprio ou inerente à obra, mas construído socialmente. O anonimato do artista africano tem sido referido como condição indispensável à autenticidade,

---

[65] *Introdução à cultura africana*, p, 39.

prevalecendo a ideia de que o artista está amarrado à tradição e condicionado por ela. Nesse racioncínio, a ausência de uma assinatura em uma máscara africana garante a ela o status de obra una, original e economicamente pronta para se inserir no mercado de arte. Uma vez descoberta a identidade do artista o objeto de arte deixaria de pertencer à arte primitiva:

> (...) *autêntico significa muitas vezes anônimo, e o anonimato exclui quaisquer considerações sobre o ato criativo individual... Por outras palavras, o ato de atribuição da identidade elimina simultaneamente o mistério. Para ser 'primitiva' a arte tem de possuir, ou parecer possuir, uma certa opacidade no que respeita à sua origem e à sua intencionalidade.*[66]

Com isso, o autêntico é produtivo e lucrativo no mercado de arte ocidental, que apresenta, nas galerias e mercados, essa arte africana tradicional A concepção de autenticidade é definida pelos museus, colecionadores e agentes do mercado de arte como um critério implícito de seleção da arte a ser exibida e ou vendida. Tanto que, por exemplo, quanto mais uma máscara senulfo ou escultura iorubá não tiver registro de autoria, maior será seu valor de mercado e certa será sua inserção nas coleções particulares e nos museus tradicionais. Roger Bastide (2011), ao analisar o culto aos gêmeos na África, informa que alguns exemplares das estatuestas Ibeji aparecem assinados, com uma cruz ou mesmo um triângulo, sendo uma clara referência de que essa arte não ignora o papel do artista como muitos insistem em afirmar.

Em quais problemas a questão da autenticidade implica, ou seja, a substituição do estético pelo "autêntico"? Primeiro, impede de conhecer o que a arte africana significa, representa, comunica,

---

[66] KASFIR, Sidney, s/d, p.03. Disponível em: http://www.artafrica.info/novos-pdfs/artigo_14-pt.pdf. Acesso em 30 de março de 2014.

indica, já que cristaliza a imagem da arte africana como sendo de uma única forma, para o mundo, com isso nega-lhe historicidade, como se estivesse presa a um passado perpétuo. Segundo, despersonaliza a criação artística na África, pois para essa ideia não existe a figura de um artista com habilidades e técnicas próprias. Terceiro, inferioriza a arte africana dita não autêntica, como a popular, e despreza a contemporânea, largamente produzida na África hoje. Todos essas consequências em nome de se promover uma autenticidade atrelada ao anonimato do artista, que na prática tribal nem sempre existe. Sylla diz que "em muitas sociedades africanas, certos artistas são apreciados, consultados e honrados em razão de seu talento pessoal e de seus conhecimentos".[67]

O conceito de primitivismo, o contexto antropológico e o valor da autenticidade foram e ainda são as primeiras impressões e leitura sobre a arte africana, e formaram o imaginário ocidental sobre essa arte. Contudo, a chamada arte tradicional das tribos africanas tem se mostrado atualmente numa pluralidade de visões distintas e oferecem outras concepções para pensá-la.

Arte tradicional africana – visões

A tarefa de constituir uma estética da arte africana tem-se demonstrado um esforço difícil pois, como se disse anteriormente, é praticamente equivocado, senão perigoso, caracterizar uma estética, por questões próprias do dinamismo cultural. Essas leituras da arte tradicional africana a partir de uma identidade plástica das máscaras e esculturas étnicas tem produzido caracterizações apressadas e distorcidas já que, numa perspectiva etnocêntrica, afirma uma pureza formal (e cultural) a partir de uma ausência de contato com o Ocidente.

---

[67] Apud GUIMARÃES, José de. *Catálogo de exposição África e Africanias*, p. 46.

Antropologia e arte

Vale lembrar que a África do século XIX foi submetida à política colonial e imperialista europeia. O continete se viu completamente envolto numa constante ação intervencionista que interferiu incessantemente nas culturas tribais africanas, forçando um maior intercâmbio entre os povos e acelerando o processo de aculturação. Estudos contemporêneos evidenciam os inúmeros perigos de se classificar taxativamente a identidade de um grupo. "É evidente que não existe uma identidade africana susceptível de ser designada por uma única expressão, nomeada com uma única palavra ou subsumida a uma única categoria."[68].

Somado-se a isso, muito se falou sobre uma possível incapacidade dos *povos primitivos* de apreciar e julgar esteticamente um obra. Tal afirmação levou em consideração equívocos promovidos por uma apressada e ideológica avaliação das obras recolhidas por etnógrafos e viajantes e dirigidas a colecionadores e museus ocidentais. O juízo estético existe em todas as culturas, mas segue uma lógica própria e critérios específicos do grupo. Um bom exemplo mostra Richard Layton sobre o episódio no qual um antropólogo solicitou a membros de uma cultura não ocidental a arrumar por ordem de preferência algumas pinturas produzidas.

Como resultado da experiência, chegou à conclusão de que os artistas abelam tinham as mesmas noções que ele próprio quanto àquilo que constituía as 'melhores' pinturas, mas descobriu também que para o público abelam, em geral, 'melhor' significava mais eficaz para o rito.[69]

A pensar que os artefatos africanos não são arte, no sentido como a compreendemos no Ocidente, nem aos olhos dos africanos e nem mesmo para os europeus, podemos afirmar atualmente que tanto uma preocupação com o belo quanto outros valores estéticos próprios regulam, sim, a produção da arte tradicional africana.

---

[68] KASFIR, Sidney, op. cit. Acesso em 28 de março de 2014.
[69] LAYTON, Richard, op. cit., p, 27.

Pesquisas recentes têm mostrado que o artista é uma figura conhecida e admirada em algumas sociedades africanas, chegando ainda ocorrer entre os apreciadores uma crítica de arte apurada.

Karin Barber explica, a partir da leitura de Ulli Beier, como "a arte tradicional é comunal, consensual, insere-se nas práticas sociais e rituais e é produzida de acordo com códigos rígidos estabelecidos por artesãos altamente especializados e experientes." [70] Um dos pilares desta arte é escultura, constituída de materiais orgânicos (madeira, osso, marfim, entre outros), sendo de uma excepcional habilidade artística e de técnicas altamente aperfeiçoadas.

O artista na África não busca copiar tal como é a natureza, mas retira dela o ideal que sustenta a forma – já que a cópia não faria sentido na sua cultura –, sendo o estilo não imposto por uma técnica, mas antes uma certa concepção que ele próprio tem do sistema de crenças e do quadro conceitual em que vive e trabalha. Essa disposição para criação conceitual não foi observada pelos etnólogos e antropólogos inicialmente, ainda no século XIX, justificando toda a produção de máscaras e esculturas como determinadas exclusivamente por uma função religiosa. Quanto à questão da submissão da forma à cultura, diz:

> Os objetos de arte africana são, então, apresentados como produtos realizados com objetivos utilitários, destinados a ser usados por ocasião das cerimônias religiosas e das manifestações sociais (arte funcional).[71]

Aliada à função mágico-religiosa, que é inegável, porém não exclusiva, coexistem outras dimensões, como a política, a social, a comemorativa, a pedagógica, a terapêutica, a estética, a comunicacional, a sincrética, por exemplo.

---

[70] KASFIR, Sidney, op. cit. Acesso em 25 de março de 2014.
[71] Sylla (2006, apud Guimarães, op. cit., p. 29).

Antropologia e arte

O que estamos querendo dizer é que a arte africana não pode ser pensada exclusivamente na perspectiva mágico-religiosa, pois ela se insere numa dimensão mais complexa da vida, destacando sua força plástica num espaço-tempo próprio de cada grupo, sem que uma dimensão seja determinante em relação às demais. A insistência em pensar e analisar a arte na África somente pela dimensão mágico-regiosa esconde a afirmação de um Ocidente qua insiste em caracterizar um suposto atraso técnico-científico dos povos africanos e que a sua arte religiosa confirmaria tal condição.

O aspecto formal das esculturas de certos grupos da África obedecem quase exclusivamente os interesses da cultura, como lembra Sylla (2006 apud Guimarães). Existem elementos que são valorizados e postos em relevo em relação aos outros. Assim, cabeça, barriga, seios, pescoço, nádegas apresentam variações estéticas estranhas a um não africano. Um ou vários elementos podem ser determinantes. As proporções não são, assim, rigorosamente fixas no sentido ocidental. Os povos africanos enxergam no corpo humano um conjunto constituído por três partes: cabeça, tronco e membros. As proporções levam em conta as crenças sociais e as experiências comuns. Por exemplo, a cabeça ocupa um lugar central. já que fala, ouve, sente, come, por exemplo. Já o pescoço é um dos elementos significativos e exageradamente deformado. Seria sempre cilíndrico e comprido. Entre os ashanti (Gana), está na origem das bonecas akua-ma. Pescoço comprido também pode surportar grande número de joias. Os seios, outra parte do corpo, são signos por excelência da feminilidade, um critério de beleza feminina. Eles simbolizam igualmente a fecundidade, como encontramos em várias estátuas africanas. Tronco, mãos, barriga, além de outras partes do corpo como as citadas acima, mostram que essa produção plástica atende ao imperativo cultural mais que a uma questão de apreciação.

A avaliação ocidental que imprimiu um juízo estético às esculturas africanas informando sua desproporção, sua incapacidade de se ajustar a um critério de beleza racional, portanto, são inverídicas. A compreensão dessa ideia ajuda-nos a reelaborar outras impressões sobre essa vasta produção escultórica.

Síntese do capítulo

Neste capítulo, apresentamos reflexões sobre a arte africana. Iniciamos discutindo a dificuldade primeira em conceituar a palavra *arte*, seja ela ocidental ou não. Também dissemos que não existe entre os povos africanos uma palavra própria, tal qual entre os ocidentais, para arte. Ainda apontamos que deve-se ter cuidado em estabelecer classificações sobre a afirmação de uma identidade na arte africana, como apontada inicialmente pela antropologia. Sendo a cultura uma esfera da vida dinâmica, estamos totalmente submetidos a suas transformações. Outro ponto ainda abordado diz respeito à relação entre a arte africana e sua dimensão religiosa. Alertamos que não se deve pensar que esta arte é fruto de uma relação exclusiva com o pensamento e a prática mágico-religiosa, já que coexistem diversas dimensões – politica, social, sincrética etc. – na arte tradicional produzida na África. Finalmente, explicamos os conceitos de primitivismo, autenticidade e mesmo sobre a inexistência de uma avaliação isolada do belo na África. Esses temas ajudam a pensar sobre a arte na África e a romper com os estereótipos que ainda envovem a produção artística do continente.

Considerações finais

O que esperar de uma antropologia da arte? Esta foi a questão crucial que fomentou o debate apresentado neste livro, tendo em vista não somente oferecer uma investigação antropológica sobre o fazer artístico de diversos grupos, mas também como, pela arte, poderíamos compreender melhor o outro, sua identidade e suas diferenças. Além disso, não priorizamos um estudo sobre formas artísticas, ou os sentidos da arte. Definitivamente, o foco deste livro está na possibilidade de se enteder a antropologia e com ela pensar os discursos sobre o outro, a arte de outros povos e a cultura como dimensão primeira da nossa alteridade.

Com isso, partimos de uma chave de leitura que impunha apresentar, de início, como se deu a formação do olhar ocidental diante do enfrentamento com culturas tão distintas, como as dos ameríndios brasileiros. Não demorou, como vimos, para a criação de uma visão ideológica sobre esse outro que teimava em se mostrar o avesso do Ocidente: "sem fé, sem rei, sem lei". As primeiras leituras, não antropológicas, foram importantes, pois ainda hoje servem como um dos primeiros roteiros deste encontro, evidenciando desde aquele momento as ações colonizadoras que se seguiriam e as mazelas daí provocadas e suas consequências atuais.

Já do século XIX em diante, desde os primórdios da constituição da ciência antropológica, a prática de campo definiu e se impôs como método próprio da antropologia. Diversos autores somaram esforços e revelaram quão fundamental é a experiência etnográfica na compreensão das sociedades humanas. Se a realidade não é evidente e precisa ser devidamente observada, se o óbvio precisa ser compreendido, o surgimento da antropologia cultural já no século XX se consolidou, com a busca, no cotidiano e na atenção dada ao infinitamente pequeno, dos caracteres que distinguem um povo de outro, uma cultura de outra. Aquilo que chamamos identidade cultural – enquanto conceito e enquanto prática –, posteriormente difundido pelos Estudos Culturais na segunda metade do século XX, tornou-se possível graças inicialmente às pesquisas de campo realizadas por essa antropologia, na observação sistemática dos traços distintivos dos comportamentos apreendidos por qualquer ser humano, mas vividos de forma plural nos quatro cantos do mundo.

A descoberta de tantas diferenças culturais, construídas coletivamente, numa infinidade de práticas culturais estranhas ao olhar estrangeiro, e constantemente debatida dentro e fora das universidades, determinou que esse estudo apresentasse os conceitos centrais da antropologia como aculturação, etnocentrismo e relativismo cultural. Para uma compreensão feita fora da universidade, esses conceitos se revelam polêmicos e apresentam a antropologia aos não especialistas. Como enxergar um costume diverso do meu e ainda assim compreendê-lo numa perspectiva estranha à minha? Num mundo globalizado e povoado por imagens caleidoscópicas, o que pensar diante de alteridades tão publicitariamente divulgadas?

Na esteira do pensamento antropológico cultural, o estudo de uma identidade brasileira tornou-se um imperativo. Assim, destacamos as contribuições do pensamento social brasileiro que tem colocado o caráter mestiço – ou multicultural? – do Brasil. As teses da cordialidade, do jeitinho brasileiro, da mestiçagem, da democracia racial, das matrizes constituintes da nossa brasilidade – tupi, luso e afro – foram também visualmente apresentadas em imagens da arte em algumas obras clássicas da pintura sobre o Brasil e seu povo. Quanto pensamos na condição de um povo brasileiro multiétnico, como ficariam essas teses se somássemos aí a contribuição dos orientais que no século XX reforçaram a dimensão mestiça de nossa cultura? Questão não respondida neste livro.

Se o discurso antropológico nos revelou que não existe uma antropologia neutra, podemos dizer que a representação da alteridade produzida pela história da arte também não o foi e a aproximação da arte com a antropologia exigiu enormes esforços, teóricos notadamente, mas não só, para dissiparmos os indícios de estereótipos que impediram a consolidação de um campo do estudo da antropologia da arte. A materialização desta dificuldade ficou evidente nas formas de representação do outro promovidas pelos museus e coleções etnográficas.

Por buscar então compreender não somente as estratégias estigmatizadas e ideológicas dos discursos (e das imagens como discurso), este estudo deu voz à análise da arte produzida pelos ameríndios brasileiros e arte tradicional da África. Em ambos os casos, mostramos que, mesmo variando o conceito de arte, as produções visuais e plásticas desses povos contou com a promoção de ideias, conceitos e imagens que muitas vezes não conferiam com o sentido dado pela cultura. Assim, partimos de uma sistematização teórica em busca de soluções visuais que dessem conta desses outros sentidos não revelados da arte ameríndia e africana.

Sem dúvida, as questões propostas por *Antropologia e arte* oscilaram entre conhecer a dimensão concreta do que é criado, mas ao mesmo tempo compreender a dimensão abstrata do que é vivido. Exigiu de nós analisar a imagem representada na arte como um guia da promessa das tradições, sempre renovadas, e explicar a pluralidade de sentidos sempre em rotação. Com isso, não fizemos, estamos certos, uma antropologia da arte, mas aproximamos a antropologia da arte para saber se é possível conhecer mais sobre ambas. Por fim, se foram poucas as respostas trazidas pela obra, isso também se deveu àquela capacidade humana de rapidamente se reinventar cultural e plasticamente diante os infinitos mistérios que continuam a impulsionar e alterar as formas da cultura humana, seus sentidos e suas práticas.

A importância de um livro interdisciplinar

Antropologia e arte é um importante acontecimento para os estudos contemporâneos da cultura no Brasil. Um livro que alia um texto de leitura fluente ao enfrentamento objetivo da trama dos conceitos. Como resultado, temos em mãos uma obra destinada tanto aos especialistas à procura de soluções didáticas para suas práticas de sala de aula quanto aos estudantes ou mesmo aos que se interessam pelo assunto sem direcionar finalidades específicas além do conhecimento dos temas de que ele trata.

Não bastassem os acertos mencionados no parágrafo acima, o livro de Ronaldo Mathias surge num momento em que as ciências humanas passam por uma espécie de revisão das suas possibilidades e impossibilidades.

Concentrados que estamos nos espaços cada vez mais conflituosos das cidades superpovoadas e mal planejadas, nos deparamos com muita facilidade com acirrados enfrentamentos, embates, disputas por voz, vez, identificação. Somos atropelados por demandas que sequer pensávamos dizer respeito ao nosso horizonte de preocupações cotidianas. Somos enredados por tramas e narrativas mais decisivas do que nunca para nossa sobrevivência como coletividade.

Não faz muito tempo, tanto as ciências humanas quanto as ciências sociais pareciam pusilânimes diante da escalada de tensões produzidas no interior das sociedades. O crime, a violência, as grandes exclusões urbanas, os massacres culturais e sociais, as limpezas étnicas travestidas de políticas de Estado ou, caso mais comum, negligenciadas por ele, pareciam capazes de solapar nossa compreensão mais funda dos fenômenos da cultura.

No entanto, as ciências do homem e da sociedade compreenderam que a força das incursões mais bem sucedidas pelos fenômenos da cultura sempre dependeu da amplitude das colaborações, arrebanhadas nos diferentes campos do conhecimento. Se as limitações impostas a esses campos, fundamentalmente em nome de uma desejada ideia de rigor, alimentaram, como forma de se contornar possíveis extrapolações dos alcances de cada uma das disciplinas, uma espécie de caráter vertical dos estudos, a parcialidade dos resultados deixava incompleto o percurso. Parecia faltar a "heresia" da flexibilidade que só os diálogos interdisciplinares são capazes de promover, quando equilibrados por um respeito aos ganhos e perdas de cada um dos campos dos saberes.

O diálogo interdisciplinar faz a "vida mental" das ciências dar passos em volta do fogo e seus "sentidos" andarem em mosaico, acumulando a fina poeira de percepções novas, iluminando dúvidas e desconfiando das certezas. Fora dos diálogos "intersaberes", toda excursão é parcial e limitadora da força que emana da mais ínfima das linhas de um tecido cujo hermetismo fornece generosas porções de desafios na mesma justa medida de uma gratificação das descobertas que fazem avançar. No que chamamos de "contemporaneidade", toda ação, imagem, gesto ou movimento encontram-se "atravessados" por informações nada modestas. E elas gritam, reivindicando o desejo de saltar para o centro, esbarrando, porém, tanto na ampla concorrência quanto na ausência deste já antigo lugar de *status*. Com a iminência das tensões por relevância, a angústia maior recai sobre a efemeridade dos aparecimentos brilhantes. Entre a sua luz e a obscuridade, o seu auge e ocaso, segundos de luminosidade valem por cerrados anos de trevas.

Antropologia e arte

Se abusamos das metáforas, não é pelo gosto preciosista dos torneios frasais intrincados. O recurso, exige-o a abrangência do amplo espectro conceitual que a proposta deste livro enseja. Porque não há como localizar com precisão o momento do renascimento das ciências humanas e sociais quando o cenário abarca um espaço maior que o da academia. Nela, o pós-estruturalismo ainda não cessou de deixar consignada suas reverberações e os Estudos Culturais não pareceram suficientemente aparelhados para assumirem a tarefa de saltar os muros da universidade e enfrentar o bombardeio da informação que circula em escala meteórica, deflagrada pelo gesto simples de um toque na tela.

Antropologia e arte parece esboçar um caminho muito promissor para uma cruzada pela abolição das fronteiras limitadoras entre os campos do conhecimento. Afinal, pergunta Ronaldo Mathias "Como podemos pensar a arte a partir da antropologia?". Feita a si mesmo, a questão deságua em correntes de uma fluência poucas vezes experimentada em obras desta mesma linhagem. A compreensão do dilema colabora para uma postura atenta às inflexões de ambas as áreas.

Mas, dizendo de outro modo, o autor sabe que pisa em solo espinhoso. "O inferno são os outros", diz Sartre. Ao que Ronaldo acrescenta: "Por onde devemos começar a destacar os estereótipos que foram construídos sobre as produções artísticas e estéticas dos povos ameríndios e africanos?". O "outro" começa a ser esmiuçado a partir da constatação de que ele é um "estereótipo". Portanto, convenção. Portanto, acomodação a interesses de outros "outros". Narcisos que não podem se mirar em outras águas senão as muito turvas dos processos "civilizatórios" conduzidos pelo "macho, branco, cristão e ocidental", que inventou um "outro". Esse "outro" viu-se impelido pelos avanços em direção às muitas, hoje poucas, "lacunas" existentes nos mapas, obrigado a ser "o mesmo" pelos interesses da empresa expansionista e colonizadora. Se não esse "mesmo" um "outro" terrível, de "costumes inadequados".

"Transformá-lo" equivale à tarefa "nobre" dos que faziam da "nobreza" sua pedra de toque para um ideal de elevação. Postos degraus acima, tratava-se de os "civilizados" "puxarem" para junto de si o "bárbaro" incapaz de redigir com tintas próprias os códigos da sua própria distinção.

Códigos que Ronaldo Mathias decodifica com precisão. Seu olhar avança nossa compreensão para a encruzilhada que construímos. Nelas, as "diferenças" incisivas são desbastadas, tal como se o fizesse com mato crescido entre as ruínas de um edifício abandonado. Nelas, encontram-se fragmentos de relatos de viagem, filmes, livros, canções, poemas, registros em paredes de cavernas, traços e rastros de uma história que sempre optou pelo vencedor.

Neste ponto, importa elogiar sua coragem intelectual. O tratamento do tema, em mãos mais afoitas, poderia descambar para a militância empedernida, empobrecendo sobremaneira seu fino acabamento como obra de reflexão e de sugestão. Ao contrário disto, o livro todo transcorre como se estivéssemos numa conversa amena, com um interlocutor culto, mas didático, interessado, mas não pedante, e capaz de nos fazer rever conceitos e práticas sem apelar para a cantilena indigesta das doutrinações.

Quando trata da arte, ressalte-se o seu gosto refinado para as escolhas. Nem sempre constitui tarefa simples selecionar objetos que possam, a um só e mesmo tempo, deleitar e proporcionar visões tanto mais significativas dos seus procedimentos como construção e disseminação de ideias e conceitos coletivos. Ronaldo Mathias não cede às hierarquizações elitistas, e parece compartilhar do preceito de que o artista não é um "gênio demiurgo e absoluto" para quem o mundo é só um "pretexto" para o extravasamento dessa sua genialidade. A compreensão do autor está de pleno acordo com seu projeto. Homem comum, o artista é, antes de tudo, um ser social, alguém que possui um histórico de vivências individuais e coletivas que se somam ao seu aprendizado técnico e ao seu talento. Desde conjunto, as obras tornam-se "textos" legíveis, nos quais pode ser muitos mais do que formas, cores, contornos, traços e assinaturas.

Poderíamos, em nome da importância do livro, discorrer longamente a propósito dos muitos achados que *Antropologia e Arte* possui. No entanto, o leitor que atravessou suas páginas deve tê-los percebido.

Antropologia e Arte é uma louvável iniciativa editorial. Um livro que enobrece qualquer coleção cujo propósito seja o de fazer da reflexão uma ferramenta de grande utilidade para que o senso comum e as ideias forjadas em "pré-conceitos" não embotem nossa visão do que seja, de fato, viver em sociedade.

Marcos Vinícius Ferreira de Oliveira
Professor de Literatura da Faculdade de Letras e do PPGL
da Universidade Federal de Juiz de Fora

Outras leituras, outras visões

BALOGUN, Ola et all. *Introdução à cultura africana.* Lisboa: Edições 70, 1977.
BARBER, Karin. *As artes populares em África.* s/d
BARCELOS NETO, Aristóteles. *Apapaatai: rituais de máscaras no Alto Xingu.* 2004. 309p. Tese (Doutorado em Antropologia Social) – Faculdade de Filosofia, Letras e Ciências Humanas, São Paulo: Universidade de São Paulo, 2004.
BASTIDE, Roger. *As Américas Negras.* São Paulo: Difel, 1974.
_____. *Impressões do Brasil.* São Paulo: Imprensa Oficial, 2011.
BOAS, Franz. *El arte primitivo.* Fondo de Cultura Econômico: México, 1947.
BRANCO, Jorge Freitas. *"Significados esgotados: sobre museus e coleções etnográficas".* In. ROIGÉ, Xavier et all. *El futuro de los museos etnológicos: consideraciones introductorias para un debate.* Lisboa: ISCTE, s/data.
Caderno de Diretrizes Museológicas. 2ª Edição. Ministério da Cultura Instituto do Patrimônio Histórico e Artístico Nacional Departamento de Museus e Centros Culturais. Brasília: 2006.
CASTELLS, Manuel. *O poder da identidade.* São Paulo: Paz e Terra, 1999.
CLASTRES, Pierre. *A sociedade contra o Estado.* São Paulo: Cosac Naify, 2013.
CLIFFORD, James. *A experiência etnográfica.* Rio de Janeiro: Editora da URFJ, 2011.
CUNHA, Manoela Carneiro da. *Cultura com aspas.* São Paulo: Cosac Naify, 2009.
DAMATTA, Roberto. *O que faz o brasil, Brasil?.* São Paulo: Rocco, 1984.
EINSTEIN, Carl. *Negerplastik.* Florianópolis: Ed. Da UFSC, 2011.
FREYRE, Gilberto. *Casa grande & senzala.* Rio de Janeiro: Record, 2000.
GELL, Alfred. A necessidade de uma antropologia da arte. In: *Revista Poiésis*, n. 14, p. 245-261, Dez. de 2009.
GÂNDAVO, Pero de Magalhães de. *A Primeira História do Brasil – a que vulgarmente chamamos Brasil.* Rio de Janeiro: Zahar, 2008.

Antropologia e arte

GEERTZ, Clifford. *A interpretação das culturas*. Rio de Janeiro: Editora LTC, 1989.
GUIMARAES, José de. Catálogo de exposição. *"África e Africanias"*. Realização Museu Afro Brasil, 2006. In. Sylla, Abdou. *Criação e imitação na arte africana tradicional*.
HOEBEL, E. Adamson; FROST, Everett L. *Antropologia cultural e social*. São Paulo: Cultrix, 2006.
KASFIR, Sidney. *Arte africana e autenticidade: um texto com uma sombra*. s/d.
LABURTHE-TOLRA, Philippe; WARNIER, Jean-Pierre. *Etnologia-Antropologia*. 4a ed. Petrópolois, RJ: Vozes, 2008.
LAGROU, Els. *Arte indígena no Brasil: agência e relação*. Belo Horizonte: C/ Arte, 2009.
LAYTON, RICHARD. *A antropologia da arte*. Lisboa: Ediçoes 70, 1991.
LAPLANTINE, Francois. *Aprender Antropologia*. São Paulo : Ed. Brasiliense, 2007.
_____. *A mestiçagem*. Lisboa: Instituto Piaget, 2002.
LARAIA, Roque de Barros. *Cultura, um conceito antropológico*. Rio de Janeiro: Jorge Zahar, 2009.
LÉVI-STRAUSS, Claude. *Antropologia estrutural*. São Paulo: Cosac Naify, 2012.
MARCONI, Marina de Andrade, PRESOTO, Zelia Maria Neves. Antropologia. *Uma introdução*. São Paulo : Ed. Atlas, 2009.
MBEMBE. *Formas africanas de escritas de si*. 2000
MITHEN, Steven. *A pré-história da mente. Uma busca das origens da arte, da religião e da ciência*. São Paulo: Editora UNESP, 2002.
NAVES, Rodrigo. *A forma difícil. Ensaios sobre arte brasileira*. São Paulo: Editora Ática, 2007.
PRICE, Sally. *Arte primitiva em centros civilizados*. Rio de Janeiro: Editora da UFRJ, 2000.
RIBEIRO, Berta G. *Arte indígena, linguagem visual*. São Paulo: Editora da Universidade de São Paulo: 1989.
RIBEIRO, Darcy. *O povo brasileiro*. São Paulo: Cia das Letras, 1994.
_____. *"Uma introdução a Casa grande & Senzala"*. In: FREYRE, Gilberto. Casa grande & senzala. Rio de Janeiro: Record, 2000.
_____. *Diários índios. Os Urubus-Kaapor*. São Paulo, Companhia das Letras, 1996.
SILVA, Maria Isabel Cardoso. *Cosmologia, perspectivismo e agência social na arte ameríndia: estudo de três casos etnográficos*. Dissertação (Mestrado em Antropologia). Belo Horizonte: Faculdade de Filosofia e Ciências Humanas da Universidade Federal de Minas Gerais, 2008.
STAM, Robert; SHOHAT, Ella. *Crítica da imagem eurocêntrica*. São Paulo: Cosac Naify, 2008.
TOTA, Anna Lisa. *A sociologia da arte. Do museu tradicional à arte multimedia*. Lisboa: Editora Estampa, 2000.

VIAL, Andréa Dias. *O colecionismo no período entre guerras: a contribuição da Sociedade de Etnografia e Folclore para a formação de coleções etnográficas*. Dissertação de Mestrado. São Paulo: Universidade de São Paulo, 2009.

VIVEIROS DE CASTRO, Eduardo. *A inconstância da alma selvagem e outros ensaios de antropologia*. São Paulo: Cosac Naify, 2013.

Referências de sites

http://www.artafrica.info/html/artigotrimestre/artigo.php?id=21, acesso em 28 de março de 2014.
http://www.artafrica.info/html/artigotrimestre/artigo.php?id=24, acesso em 25 de março de 2014.
http://www.artafrica.info/novos-pdfs/artigo_14-pt.pdf acesso em 30 de março de 2014.
http://www.arteafricana.usp.br/codigos/glossarios/002/bambara.html
http://www.consciencia.org/o-pensamento-cartesiano#o-humanismo
http://www.indioeduca.org/?p=1269
http://www.macvirtual.usp.br/mac/arquivo/noticia/Kabengele/Kabengele.as
http://www.mae.usp.br/acervo/etnologia-brasileira/
http://www.mae.usp.br/wp-content/uploads/2013/05/279-a-289-Gedley-Aivone-
-Dulcilia.pdf
http://www.museuafro.ogr.br
http://www.museuxingu.org.br
http://www.revistadehistoria.com.br/secao/por-dentro-da-biblioteca/o-inventor-do-renascimento
http://www.revistas.ufg.br/index.php/Opsis/article/viewFile/9286/6382
http://www.unicamp.br/chaa/eha/atas/2011/Waldemar%20Gomes.pdf
www.mae.usp.br

Sobre o autor

Ronaldo Mathias, doutorado pela ECA-USP São Paulo é professor de Antropologia Cultural e História da Arte na graduação de Arte e Cultura e Arte e Cultura Africana na pós-graduação. Editor da Revista Arte 21 e coordenador da iniciação científica do Centro Universitário Belas Artes de São Paulo.